ThermiTwins
Lena Kruglova und Anna Matershev

Russisch kochen

mit dem Thermomix®

60 traditionelle Rezepte

riva

Bibliografische Information der Deutschen Nationalbibliothek
Die Deutsche Nationalbibliothek verzeichnet diese Publikation in der Deutschen National bibliografie. Detaillierte bibliografische Daten sind im Internet über https://dnb.de abrufbar.

Für Fragen und Anregungen
info@m-vg.de

Wichtige Hinweise
Sämtliche Inhalte dieses Buches wurden – auf Basis von Quellen, die die Autorinnen und der Verlag für vertrauenswürdig erachten – nach bestem Wissen und Gewissen recherchiert und sorgfältig geprüft. Alle Rezepte in diesem Buch wurden für den Thermomix® TM5 entwickelt und mit diesem getestet. Bitte beachten Sie: Der Mixtopf des Thermomix® TM5 ist größer als der des TM31 (Kapazität von 2,2 Litern anstatt 2,0 Liter beim TM31). Daher dürfen aus Sicherheitsgründen die Rezepte aus diesem Buch nur dann mit dem TM31 nachgekocht werden, wenn die Mengen angepasst wurden. Achten Sie auf die Füllstandsmarkierungen und überschreiten Sie die maximale Füllmenge nicht. Der Verlag und die Autorinnen haften für keine nachteiligen Auswirkungen, die in einem direkten oder indirekten Zusammenhang mit den Informationen stehen, die in diesem Buch enthalten sind. Thermomix® ist ein eingetragenes Warenzeichen der Vorwerk & Co. KG. Diese Publikation ist kein offizielles Lizenzprodukt der Vorwerk & Co. KG.

Ausschließlich zum Zweck der besseren Lesbarkeit wurde auf eine genderspezifische Schreibweise sowie eine Mehrfachbezeichnung verzichtet. Alle personenbezogenen Bezeichnungen sind somit geschlechtsneutral zu verstehen.

Originalausgabe
8. Auflage 2026

Türkenstraße 89
80799 München
Tel.: 089 651285-0

Redaktion: Eva Siegmund
Umschlaggestaltung: Laura Osswald
Umschlagabbildungen und Abbildungen im Innenteil:
ThermiTwins (Anna Matershev und Lena Kruglova)
Satz: inpunkt[w]o, Haiger (www.inpunktwo.de)
Druck: Florjancic Tisk d.o.o., Slowenien
Printed in the EU

ISBN 978-3-7423-0522-0

Inhalt

Rezepte

Vorwort und Danksagung

Liebe Liebhaber der russischen Küche und alle, die es noch werden möchten,

wir heißen euch ganz herzlich auf der kulinarischen Reise nach Russland willkommen.

Bevor unsere Reise startet, möchten wir uns ganz herzlich bei unseren Familien bedanken. Vielen Dank, dass ihr uns seit Kindertagen mit dem russischen Essen verwöhnt und eure Rezepte an uns weitergegeben habt.

Vielen Dank auch dafür, dass ihr einige Gerichte mehrere Tage in Folge gegessen habt, bis das optimale Rezept ausgetüftelt wurde, ohne euch darüber zu beschweren. Und ja, die paar Kilo mehr auf den Rippen stehen euch wirklich gut. Ehrlich.

Wir lieben euch,
Lena und Anna

Wer denkt, dass die russische Küche nur aus »Borschtsch« und »Wodka« besteht, der irrt

Die russische Küche hat eine Vielzahl an deftigen Suppen, herzhaften Salaten und vielen Fisch- und Fleischgerichten zu bieten. Am beliebtesten ist jedoch die Kombination von Teig und Fleisch. So heißt es beispielsweise in einer bekannten Konversation in russischen Kochgruppen:

»Und was esst ihr da in Russland?«
»Pirozhki.«
»Was ist das?«
»Fleisch im Teig.«
»Aha, und was noch?«
»Tschebureki.«
»Und was ist das?«
»Fleisch im Teig.«
»Äh, sonst noch was?«
»Hm, Pelmeni.«
»Was ist das?«
»Fleisch im Teig.«
»Oh. Na klar. Noch irgendwas?«
»Manty.«
»Gut, dass ich Fleisch im Teig mag.«

Auch das russische Gebäck bzw. die Kuchen und Torten muss man einfach ausprobieren. Dabei darf man den Aufwand bei den anspruchsvollen russischen Torten wie z. B. »Napoleon« oder »Ptitschje moloko« nicht scheuen. Das Endergebnis wird euch begeistern.

Im Übrigen ist zu erwähnen, dass einige der heute als traditionell russisch bekannten Gerichte ihren Ursprung überhaupt nicht in Russland haben. Sie stammen vielmehr aus den Ländern der ehemaligen Sowjetunion, v. a. aus den zentralasiatischen und kaukasischen Republiken.

Jede Hausfrau hat zudem ihre eigenen Versionen der bekannten russischen Gerichte, die sich vor allem regional unterscheiden können. Es gibt daher kein »richtiges« oder »falsches« Rezept eines Gerichts.

Wir haben darüber hinaus einige Rezepte »eingedeutscht«, da man manche Zutaten nur im russischen Laden bekommt. Mittlerweile bieten jedoch viele größere Handelsketten russische Produkte an.

Zawtrak – Frühstück

Bliny – Russische Pfannkuchen

FÜR 2–3 PORTIONEN

Zeitbedarf: ca. 25 Minuten

350 g Milch
150 g Mineralwasser mit Kohlensäure
2 Eier
1 EL Zucker
½ TL Salz
1 TL Backpulver
180 g Mehl
2 EL Öl und etwas mehr zum Braten

1. Alle Zutaten in den Mixtopf geben und **30 Sekunden/ Stufe 7** vermischen. Teig ca. 10 Minuten quellen lassen.
2. Währenddessen die Pfanne mit etwas Öl bepinseln und auf mittlerer Hitze erwärmen.
3. Eine kleine Schöpfkelle voll Teig in die Pfanne gießen, die Pfanne schwenken und Bliny von beiden Seiten backen, bis sie goldgelb sind.

Eine beschichtete Pfanne muss nur vor dem Backen des ersten Blins mit Öl bepinselt werden.
Die doppelte Menge an Teig nacheinander zubereiten.
Bliny mit Marmelade, Schmand mit Zucker oder gezuckerter Kondensmilch servieren.

Oladuschki – Fluffige Eierkuchen

FÜR 2–3 PORTIONEN

Zeitbedarf: ca. 30 Minuten

500 g Kefir oder Buttermilch
2 EL Zucker
1 Ei
½ TL Salz
350 g Mehl
2 TL Backpulver
Öl zum Braten

1. Kefir in den Mixtopf geben und **2 Minuten/37 °C/Stufe 2** erwärmen. Zucker, Ei und Salz zugeben. Mehl zusammen mit Backpulver in den Mixtopf durchsieben und **40 Sekunden/Stufe 4** vermischen. Teig ca. 5 Minuten quellen lassen.

2. Währenddessen reichlich Öl in die Pfanne geben (Ölstand ca. 1 cm) und auf mittlerer Hitze erwärmen.

3. Jeweils einen gehäuften Esslöffel Teig in die Pfanne gießen, Oladuschki von beiden Seiten backen, bis sie goldgelb sind, und auf einem Stück Küchenrolle abtropfen lassen.

Die doppelte Menge an Teig nacheinander zubereiten. Oladuschki mit Marmelade, Schmand mit Zucker oder gezuckerter Kondensmilch servieren.

Syrniki – Quarkklößchen

FÜR 2 PORTIONEN

Zeitbedarf: ca. 25 Minuten

50 g Zucker
1 Ei
2 Pk. Russischer Tworog á 275 g
70 g Mehl und etwas mehr für die Arbeitsfläche und zum Panieren
ca. 50 g Butter zum Braten

1. Zucker und Ei in den Mixtopf geben und **7 Sekunden/Stufe 5** vermischen. Russischen Tworog und Mehl zugeben und **1 Minute/Knetstufe** vermischen.

2. Quarkmasse auf eine bemehlte Arbeitsfläche geben, zu einem Strang ausrollen und in ca. 2 cm dicke Scheiben schneiden. Syrniki von beiden Seiten mit etwas Mehl panieren und leicht platt drücken.

3. Butter in die Pfanne geben, auf mittlerer Hitze erwärmen, Syrniki von beiden Seiten backen, bis sie goldgelb sind, und auf einem Stück Küchenrolle abtropfen lassen.

Die doppelte Menge an Quarkmasse nacheinander zubereiten.
Syrniki mit Marmelade, Schmand mit Zucker oder gezuckerter Kondensmilch servieren.

Schokoladnoje maslo – Schokobutter

FÜR 6–8 PORTIONEN

Zeitbedarf: ca. 2 Minuten
Ruhezeit: ca. 2 Stunden

25 g Schokolade (z. B. Zartbitter)
200 g Butter, weich, in Stücken
40 g Puderzucker
4 EL Backkakao

1. Schokolade in den Mixtopf geben, **8 Sekunden/Stufe 8** zerkleinern und mit dem Spatel nach unten schieben. Restliche Zutaten zugeben und **15 Sekunden/Stufe 4** vermischen.

2. Eine kleine Dose mit Frischhaltefolie auslegen, Schokobutter hineingeben und für ca. 2 Stunden in den Kühlschrank stellen.

Schokobutter im Kühlschrank aufbewahren.

Gretschnewaja kascha – Buchweizen

FÜR 3 PORTIONEN

Zeitbedarf: ca. 35 Minuten

250 g Buchweizen
900 g Wasser
1 TL Salz
300–500 g Milch (hier kommt es darauf an, wie flüssig man Buchweizen mag)
Zucker nach Geschmack

1. Gareinsatz in den leeren Mixtopf einhängen, Buchweizen einwiegen, Gareinsatz herausnehmen und Buchweizen unter laufendem Wasser abspülen. Wasser und Salz in den Mixtopf geben, Gareinsatz einhängen und **19 Minuten/100 °C/Stufe 4** kochen.

2. Gareinsatz herausnehmen, Buchweizen auf Teller verteilen und Milch und Zucker zugeben.

Buchweizen ist z. B. als Beilage zu Fleisch aus der russischen Küche nicht wegzudenken. In dem Fall einfach die Milch weglassen.

Sakuski – Vorspeisen

Salat iz swekly – Rote-Bete-Salat mit Knoblauch

FÜR 1 KLEINE SALATSCHÜSSEL

Zeitbedarf: ca. 2 Minuten

50 g Walnüsse
3 Knoblauchzehen
500 g Rote Bete, gekocht, geviertelt
2 EL Mayonnaise
½ TL Salz

1. Walnüsse, Knoblauch und Rote Bete in den Mixtopf geben und **5 Sekunden/Stufe 7** zerkleinern.
2. Restliche Zutaten hinzugeben und **10 Sekunden/Stufe 3** vermischen.

Olivier – Russischer Wintersalat

FÜR 1 GROSSE SALATSCHÜSSEL

Zeitbedarf: ca. 35 Minuten
Ruhezeit: ca. 2 Stunden

150 g Cornichons, in Stücken
150 g Karotten, in Stücken
800 g Wasser
5 Eier
250 g festkochende Kartoffeln, in kleinen Würfeln
500 g Fleischwurst (z. B. Geflügelwurst), in kleinen Würfeln
200 g Erbsen aus der Dose
½ Bund Lauchzwiebeln, in dünnen Ringen
200 g Crème fraîche oder Mayonnaise
1 ½ TL Salz
½ TL Pfeffer

1. Cornichons in den Mixtopf geben, **4 Sekunden/Stufe 4** zerkleinern und in eine große Salatschüssel umfüllen. Mixtopf spülen.

2. Karotten in den Mixtopf geben, **5 Sekunden/Stufe 4,5** zerkleinern, auf dem Einlegeboden verteilen und zur Seite stellen.

3. Wasser in den Mixtopf geben, den Gareinsatz einhängen, Eier in den Gareinsatz geben. Varomabehälter aufsetzen, Kartoffeln hineingeben, Einlegeboden einsetzen und **17 Minuten/Varoma/Stufe 1** garen.

4. Gareinsatz mit dem Spatel entnehmen, Eier unter fließend kaltes Wasser halten. Karotten und Kartoffeln weitere **8 Minuten/Varoma/Stufe 1** garen und anschließend abkühlen lassen.

5. Abgekühlte Eier in Würfel schneiden und in die Salatschüssel geben. Danach restliche Zutaten ebenfalls hinzugeben und gut vermischen.

6. Olivier für ca. 2 Stunden kalt stellen.

Olivier wird traditionell mit Mayonnaise und Pellkartoffeln zubereitet.
Er lässt sich super am Vortag zubereiten. Dafür am besten die Crème fraîche bzw. Mayonnaise zunächst weglassen und am nächsten Tag unterziehen.

Seledka pod schuboj – Heringsalat »Hering im Pelzmantel«

FÜR 5–6 PORTIONEN

Zeitbedarf: ca. 35 Minuten
Ruhezeit: ca. 1 Stunde

250 g Karotten, in Stücken
500 g festkochende Kartoffeln, geviertelt
800 g Wasser
5 Eier
300 g Heringsfilet, in kleinen Würfeln
100 g Zwiebeln, halbiert
1 ½ TL Salz
150 g Mayonnaise
300 g Rote Bete, gekocht, geviertelt

Wenn man die Zwiebeln mit heißem Wasser übergießt und einige Minuten ziehen lässt, dann schmecken sie nicht so scharf.

1. Karotten in den Mixtopf geben, mithilfe des Spatels **5 Sekunden/Stufe 4,5** zerkleinern, auf dem Einlegeboden verteilen und zur Seite stellen. Mixtopf spülen.

2. Kartoffeln in den Mixtopf geben, **4 Sekunden/Stufe 4,5** zerkleinern, in den Varomabehälter geben und unter fließendem Wasser abspülen.

3. Wasser in den Mixtopf geben, den Gareinsatz einhängen, Eier in den Gareinsatz geben. Varomabehälter aufsetzen, Einlegeboden einsetzen und **17 Minuten/Varoma/Stufe 1** garen.

4. Gareinsatz mit dem Spatel entnehmen, Eier unter fließend kaltes Wasser halten. Karotten und Kartoffeln weitere **8 Minuten/Varoma/Stufe 1** garen und anschließend abkühlen lassen.

5. Die Hälfte der Kartoffeln auf einen großen Salatteller geben und leicht an den Tellerboden drücken. Die andere Hälfte umfüllen. Hering auf dem Salatteller über die Kartoffeln verteilen.

6. Zwiebeln in den Mixtopf geben, **5 Sekunden/Stufe 6** zerkleinern und auf dem Salatteller über den Hering verteilen. Mixtopf spülen.

7. Restliche Kartoffeln auf dem Salatteller über die Zwiebeln verteilen, nach Geschmack salzen und mit ca. 2 EL Mayonnaise bestreichen. Karotten auf dem Salatteller über die Mayonnaise verteilen, nach Geschmack salzen und mit ca. 2 EL Mayonnaise bestreichen.

8. Eier in den Mixtopf geben, **4 Sekunden/Stufe 3,5** zerkleinern, auf dem Salatteller über die Mayonnaise verteilen, nach Geschmack salzen und mit ca. 2 EL Mayonnaise bestreichen. Mixtopf spülen.

9. Rote Bete in den Mixtopf geben, **5 Sekunden/Stufe 5** zerkleinern, auf dem Salatteller über die Mayonnaise verteilen, nach Geschmack salzen und mit ca. 2 EL Mayonnaise bestreichen.

10. Seledka pod schuboj für ca. 1 Stunde kalt stellen.

Mimosa – Schichtsalat mit Thunfisch

FÜR 1 SALATSCHÜSSEL

Zeitbedarf: ca. 40 Minuten
Ruhezeit: ca. 1 Stunde

200 g Karotten, in Stücken
300 g festkochende Kartoffeln, geviertelt
800 g Wasser
4 Eier
200 g Thunfisch in Öl
150 g Mayonnaise
150 g Gouda, in Stücken
1 ½ Salz

1. Karotten in den Mixtopf geben, mithilfe des Spatels **6 Sekunden/Stufe 5** zerkleinern, auf dem Einlegeboden verteilen und zur Seite stellen.

2. Kartoffeln in den Mixtopf geben, mithilfe des Spatels **4,5 Sekunden/Stufe 4** zerkleinern, in den Varomabehälter geben und unter fließendem Wasser abspülen.

3. Wasser in den Mixtopf geben, den Gareinsatz einhängen, Eier in den Gareinsatz geben. Varomabehälter aufsetzen, Einlegeboden einsetzen und **17 Minuten/Varoma/Stufe 1** garen.

4. Gareinsatz mit dem Spatel entnehmen, Eier unter fließend kaltes Wasser halten. Karotten und Kartoffeln weitere **8 Minuten/Varoma/Stufe 1** garen und anschließend abkühlen lassen.

5. Thunfisch in eine Salatschüssel geben, mit einer Gabel an den Boden drücken und mit ca. 2 EL Mayonnaise bestreichen.

6. Abgekühlte Eier in Eiweiß und Eigelb trennen. Eiweiße in den Mixtopf geben, **5 Sekunden/Stufe 4** zerkleinern, über der Mayonnaise verteilen, nach Geschmack salzen und mit ca. 2 EL Mayonnaise bestreichen.

7. Karotten über der Mayonnaise verteilen, nach Geschmack salzen und mit ca. 2 EL Mayonnaise bestreichen. Dasselbe mit den Kartoffeln wiederholen.

8. Gouda in den Mixtopf geben, **13 Sekunden/Stufe 5** zerkleinern, über der Mayonnaise verteilen und mit ca. 2 EL Mayonnaise bestreichen.

9. Eigelb in den Mixtopf geben, **5 Sekunden/Stufe 4** zerkleinern, über der Mayonnaise verteilen, nach Geschmack salzen und mit ca. 2 EL Mayonnaise bestreichen.

10. Mimosa für ca. 1 Stunde kalt stellen.

Vinegret – Rote-Bete-Salat

FÜR 1 SALATSCHÜSSEL

Zeitbedarf: ca. 35 Minuten
Ruhezeit: ca. 1 Stunde

150 g Cornichons, in Stücken
150 g Karotten, in Stücken
250 g festkochende Kartoffeln, in Würfeln von 1 cm x 1 cm
800 g Wasser
300 g Rote Bete, gekocht, in kleinen Würfeln
60 g Lauchzwiebeln, in dünnen Ringen
150 g Erbsen aus der Dose
150 g Sauerkraut (z. B. aus dem russischen Laden)
60 g Öl
1–2 TL Salz
1 TL Weißweinessig

1. Cornichons in den Mixtopf geben, **4 Sekunden/Stufe 4** zerkleinern und in eine große Salatschüssel umfüllen.
2. Karotten in den Mixtopf geben, mithilfe des Spatels **4 Sekunden/Stufe 4,5** zerkleinern, auf dem Einlegeboden verteilen und zur Seite stellen. Kartoffeln in den Varomabehälter geben.
3. Wasser in den Mixtopf geben, Varomabehälter aufsetzen, Einlegeboden einsetzen, **25 Minuten/Varoma/ Stufe 1** garen und anschließend abkühlen lassen.
4. Alle Zutaten in die Salatschüssel zugeben und gut vermischen.
5. Vinegret für ca. 1 Stunde kalt stellen.

Gefüllte Eier nach Papas Art

FÜR 16 EI-HÄLFTEN

Zeitbedarf: ca. 25 Minuten

500 g Wasser, zimmerwarm
8 Eier
500 g Wasser
80 g Sprotten in Öl
½ TL Salz
½ TL schwarzer Pfeffer
Petersilie zum Garnieren

1. Wasser in den Mixtopf geben, den Gareinsatz einhängen, Eier in den Gareinsatz geben und **17 Minuten/Varoma/Stufe 1** garen. Anschließend Eier unter fließend kaltes Wasser halten.

2. Abgekühlte Eier vorsichtig in Hälften schneiden, mit einem Teelöffel Eigelbe herausnehmen und zur Seite stellen.

3. Eigelbe, Sprotten, Salz und Pfeffer in den Mixtopf geben und **10 Sekunden/Stufe 5** vermischen. Ei-Hälften mit der Masse befüllen und mit Petersilie garnieren.

Adschika – Scharfe Tomatensoße

FÜR CA. 750 ML

Zeitbedarf: ca. 2 Minuten

60 g Meerrettich, in Stücken
1–2 Knoblauchzehen
½ Chilischote
250 g rote Paprikaschoten, in Stücken
500 g Tomaten, geviertelt
1 TL Salz

1. Meerrettich und Knoblauch in den Mixtopf geben, **10 Sekunden/Stufe 9** zerkleinern und mit dem Spatel nach unten schieben. Restliche Zutaten hinzugeben und **10 Sekunden/Stufe 8** zerkleinern.
2. Adschika in ein Schraubglas füllen und im Kühlschrank aufbewahren.

Adschika schmeckt auch lecker als Brotaufstrich.

Supy – Suppen

Borschtsch – Berühmte russische Kohlsuppe

FÜR 3–4 PORTIONEN

Zeitbedarf: ca. 90 Minuten

80 g Zwiebeln, halbiert
100 g Karotten, in Stücken
200 g Rote Bete, roh, in Stücken
100 g rote Paprikaschoten, in Stücken
40 g Öl
30 g Tomatenmark
1000 g Wasser
300 g Rindergulasch, in mundgerechten Würfeln
2 TL Salz
½ TL schwarzer Pfeffer
200 g Weißkohl, in dünnen Streifen
200 g festkochende Kartoffeln, in mundgerechten Würfeln
2 Lorbeerblätter, getrocknet
1 TL Essig
Schmand/saure Sahne zum Servieren
Petersilie zum Garnieren

1. Zwiebeln und Karotten in den Mixtopf geben, **5 Sekunden/Stufe 5** zerkleinern und mit dem Spatel nach unten schieben. Rote Bete und Paprikaschoten hinzugeben und **7 Sekunden/Stufe 4** zerkleinern. Öl und Tomatenmark hinzugeben und **6 Minuten/120 °C/Linkslauf/Stufe 1** dünsten.

2. Wasser, Rindergulasch, Salz und Pfeffer hinzugeben und **45 Minuten/100 °C/Linkslauf/Sanftrührstufe** kochen.

3. Weißkohl, Kartoffeln, Lorbeerblätter und Essig hinzugeben und weitere **25 Minuten/100 °C/Linkslauf/Sanftrührstufe** kochen.

4. Borschtsch anschließend ca. 10 Minuten ziehen lassen. Mit einem Klecks Schmand oder saure Sahne servieren und mit Petersilie garnieren.

Borschtsch schmeckt am nächsten Tag noch besser.

Ucha – Fischsuppe

FÜR CA. 3–4 PORTIONEN

Zeitbedarf: ca. 30 Minuten

- 80 g Zwiebeln, halbiert
- 100 g Karotten, in Stücken
- 30 g Öl
- 1200 g Wasser
- 200 g festkochende Kartoffeln, in mundgerechten Würfeln
- 2 Lorbeerblätter, getrocknet
- 1 TL Salz
- ½ TL schwarzer Pfeffer
- 400 g Fisch (z. B. Karpfen, Stör, Lachs, Barsch, Zander)
- ¼ Bund Dill, kleingehackt (optional)

1. Zwiebeln und Karotten in den Mixtopf geben, **5 Sekunden/Stufe 5** zerkleinern und mit dem Spatel nach unten schieben. Öl hinzugeben und **4 Minuten/Varoma/Stufe 1** dünsten.
2. Wasser, Kartoffeln, Lorbeerblätter, Salz und Pfeffer hinzugeben.
3. Fisch unter fließendem Wasser abspülen und mit einem Stück Küchenrolle trockentupfen.
4. Den Gareinsatz einhängen, Fisch in den Gareinsatz geben und **22 Minuten/Varoma/Linkslauf/Sanftrührstufe** kochen.
5. Den Gareinsatz herausnehmen und den Fisch ggf. von den Gräten (Achtung heiß!) befreien.
6. Fisch und Dill in den Mixtopf hinzugeben und **3 Sekunden/Linkslauf/Stufe 1** unterrühren.

Für Ucha sollte ein fettiger Fisch – am besten mit Haut – verwendet werden. Die Brühe schmeckt dann einfach etwas kräftiger. Man kann jedoch auch Fischfilets verwenden.

Okroschka – Russische Sommersuppe

FÜR 6–8 PORTIONEN

Zeitbedarf: ca. 35 Minuten
Ruhezeit: ca. 1 Stunde

400 g festkochende Kartoffeln, iin kleinen Würfeln
700 g Wasser
6 Eier
1 Bund Schnittlauch, in Stücken
1 Bund Dill, in Stücken
1,5 TL Salz
1 Bund Radieschen
½ Salatgurke, in Stücken
500 g Kefir oder Buttermilch
1 l kaltes Mineralwasser mit Kohlensäure
300 g Geflügelfleischwurst, in kleinen Würfeln
Saft einer Zitrone oder 1–2 EL Essig

1. Kartoffeln auf dem Einlegeboden verteilen und zur Seite stellen.
2. Wasser in den Mixtopf geben, den Gareinsatz einhängen, Eier in den Gareinsatz geben, Varomabehälter aufsetzen, Einlegeboden einsetzen und **17 Minuten/Varoma/Stufe 1** garen.
3. Gareinsatz mit dem Spatel entnehmen, Eier unter fließend kaltes Wasser halten. Kartoffeln noch weitere **8 Minuten/Varoma/Stufe 1** garen und anschließend abkühlen lassen. Mixtopf spülen und gut abtrocknen.
4. Schnittlauch, Dill und 1 TL Salz in den Mixtopf geben, **3 Sekunden/Stufe 8** zerkleinern und in eine große Salatschüssel umfüllen.
5. Radieschen (unbedingt als erstes!) und Salatgurke in den Mixtopf geben, **5 Sekunden/Stufe 4** zerkleinern und in die Salatschüssel zugeben.
6. Abgekühlte Eier in Würfeln schneiden und in die Salatschüssel zugeben.
7. Geflügelfleischwurst, Kartoffeln, Kefir und Mineralwasser in die Salatschüssel zugeben. Okroschka mit Zitronensaft und Salz abschmecken (sie muss säuerlich schmecken!) und für ca. 1 Stunde kalt stellen.

Die Okroschka-Flüssigkeit kann auch aus 1,5 l Wasser, 400 g Schmand und 1–2 EL Essig hergestellt werden.

Sup s frikadelkami – Suppe mit Fleischbällchen

FÜR 3–4 PORTIONEN

Zeitbedarf: ca. 35 Minuten

Für die Fleischbällchen:
40 g Zwiebeln, halbiert
½ Bund Petersilie
250 g Hackfleisch, gemischt
1 Ei
½ TL Salz
½ TL schwarzer Pfeffer

Für die Suppe:
80 g Zwiebeln, halbiert
100 g Karotten, in Stücken
20 g Öl
1200 g Wasser
250 g festkochende Kartoffeln, in mundgerechten Stücken
80 g Reis, parboiled
2 TL Gemüsepaste bzw. 2 Gemüsebrühwürfel
2 Lorbeerblätter, getrocknet
Salz
Pfeffer

1. Für die Fleischbällchen Zwiebeln und Petersilie in den Mixtopf geben, **5 Sekunden/Stufe 6** zerkleinern und mit dem Spatel nach unten schieben. Restliche Zutaten hinzugeben und **1 Minute/Knetstufe** vermischen.

2. Mit feuchten Händen aus der Fleischmasse walnussgroße Fleischbällchen formen und zur Seite stellen.

3. Für die Suppe Zwiebeln und Karotten in den Mixtopf geben, **5 Sekunden/Stufe 5** zerkleinern und mit dem Spatel nach unten schieben. Öl hinzugeben und **4 Minuten/Varoma/Stufe 1** dünsten.

4. Restliche Zutaten hinzugeben und **25 Minuten/100 °C/ Linkslauf/Sanftrührstufe** kochen. Nach 10 Minuten Fleischbällchen durch die Deckelöffnung hinzugeben und die letzten 15 Minuten mitkochen.

5. Die Suppe ggf. mit Salz und Pfeffer abschmecken.

Glawnyje bljuda – Hauptspeisen

Golubzi – Russische Kohlrouladen

FÜR 4–5 PORTIONEN

Zeitbedarf: ca. 120 Minuten

Für die Golubzi:
ca. 1 kg Weißkohl
100 g Reis, parboiled
100 g Zwiebeln, halbiert
80 g Karotten, in Stücken
1 Knoblauchzehe
50 g Wasser
500 g Hackfleisch, gemischt
1 TL Salz
½ TL schwarzer Pfeffer

Für die Beilage:
600 g Kartoffeln, in Stücken

Für die Soße:
100 g Zwiebeln, halbiert
150 g Karotten, in Stücken
30 g Öl
40 g Tomatenmark
400 g Wasser
200 g Schmand
40 g Mehl
1 TL Salz
½ TL schwarzer Pfeffer

Die Soße kann man auch **15 Sekunden/Stufe 8** pürieren.

1. Äußere Blätter vom Weißkohl abtrennen und den Strunk vorsichtig entfernen. In einem großen Topf Wasser aufkochen, den Weißkohl im Ganzen hineingeben und ca. 15 Minuten dünsten.

2. Währenddessen Gareinsatz in den leeren Mixtopf einhängen, Reis einwiegen, Gareinsatz herausnehmen und Reis unter fließendem Wasser abspülen. Gareinsatz einsetzen, Reis **10 Minuten/100 °C/Stufe 4** halbfertig kochen und anschließend abkühlen lassen.

3. Weißkohl aus dem Wasser nehmen und kalt abschrecken. Vorsichtig einzelne Blätter abtrennen und ggf. Stielansatz mit einem Fleischhammer weichklopfen. Weißkohlblätter abkühlen lassen.

4. Zwiebeln, Karotten, Knoblauch und Wasser in den Mixtopf geben und **8 Sekunden/Stufe 6** zerkleinern. Hackfleisch, gekochten Reis, Salz und Pfeffer hinzugeben und **1,5 Minuten/Knetstufe** vermischen.

5. Weißkohlblätter mit der inneren Seite nach oben legen, in die Mitte ca. 1 EL Füllung geben, die Seiten einschlagen und zu einer Kohlroulade aufrollen.

6. Golubzi in den Gareinsatz sowie in den Varomabehälter geben (sie können auch aufeinandergestapelt werden) und zur Seite stellen. Kartoffeln auf dem Einlegenboden verteilen und zur Seite stellen.

7. Für die Soße Zwiebeln und Karotten in den Mixtopf geben, **5 Sekunden/Stufe 5** zerkleinern und mit dem Spatel nach unten schieben. Öl hinzugeben und **4 Minuten/120 °C/Stufe 1** dünsten. Restliche Zutaten für die Soße hinzugeben und **15 Sekunden/Stufe 3** vermischen.

8. Den Gareinsatz einhängen, Varomabehälter aufsetzen, Einlegeboden einsetzen und **35 Minuten/Varoma/ Stufe 2** kochen.

9. Golubzi in eine große Schüssel umfüllen, mit der Soße übergießen und ca. 5 Minuten ziehen lassen. Anschließend mit Kartoffeln servieren.

Kotlety – Russische Frikadellen

FÜR 3–4 PORTIONEN

Zeitbedarf: ca. 20 Minuten

1 Knoblauchzehe
3 Scheiben Toastbrot, ohne Rand, in Stücken
2 EL Milch
100 g Zwiebeln, halbiert
500 g Hackfleisch, gemischt
1 Ei
1 TL Senf, mittelscharf
1 TL Salz
½ TL schwarzer Pfeffer
Öl zum Braten

1. Knoblauch in den Mixtopf geben, **3 Sekunden/Stufe 8** zerkleinern und mit dem Spatel nach unten schieben. Toastbrot, Milch und Zwiebeln hinzugeben und **10 Sekunden/Stufe 7** zerkleinern. Restliche Zutaten hinzugeben und **1 Minute/Knetstufe** vermischen.

2. Aus der Fleischmasse mit feuchten Händen Kotlety formen.

3. In einer Pfanne reichlich Öl (Ölstand ca. 1 cm) erhitzen, Kotlety goldbraun ausbraten auf Küchenrolle abtropfen lassen.

Die doppelte Menge an Fleischmasse nacheinander zubereiten. Gebratene Kotlety lassen sich auch gut auf Vorrat einfrieren.
Kotlety mit Kartoffelpüree (siehe Seite 61) oder Salat servieren.

Kotlety po kievski – Cordon Bleu auf Ukrainisch

FÜR 4 PORTIONEN

Zeitbedarf: 50 Minuten

Füllung:
1 Knoblauchzehe
½ Bund Petersilie
½ TL Salz
¼ TL schwarzer Pfeffer
100 g Butter, weich, in Stücken
4 Hühnerbrustfilets
½ TL Salz
½ TL schwarzer Pfeffer

Panade:
2 Eier
90 g Milch
60 g Mehl
100 g Paniermehl

Öl zum Braten

Kotlety po kievski mit Kartoffelpüree (siehe Seite 61) oder Salat servieren.

1. Für die Füllung Knoblauch und Petersilie in den Mixtopf geben, **4 Sekunden/Stufe 8** zerkleinern und mit dem Spatel nach unten schieben. Restliche Zutaten hinzugeben und **8 Sekunden/Stufe 4** vermischen.

2. Kräuterbutter auf einen Bogen Frischhaltefolie geben, zu einem Strang rollen und für ca. 15 Minuten in das Gefrierfach legen.

3. Hühnerbrustfilets in der Mitte der Länge nach, beginnend beim hinteren, dünneren Ende, einschneiden, ohne die Hühnerbrust komplett durchzuschneiden. Hühnerbrustfilets öffnen und wie ein Schnitzel auflegen. Hühnerbrustfilets mit Frischhaltefolie bedecken und mit einem Fleischhammer dünn ausklopfen (ca. 5 mm). Anschließend mit Salz und Pfeffer würzen.

4. Kräuterbutter in vier gleich große längliche Stücke schneiden, in die Mitte jedes Hühnerbrustfilets jeweils ein Stück Kräuterbutter geben, die Seiten einschlagen und zu einer Roulade aufrollen.

5. Backofen auf 180 °C Ober-/Unterhitze (160 °C Umluft) vorheizen.

6. Für die Panade in einem Teller Eier mit Milch verquirlen. In weiteren Tellern Mehl und Paniermehl bereitstellen.

7. Kotlety im Mehl wenden, durch die Ei-Milch-Mischung ziehen, im Paniermehl wenden, noch einmal durch die Ei-Milch-Mischung ziehen und im Paniermehl wenden.

8. In einer Pfanne reichlich Öl (Ölstand ca. 1,5 cm) erhitzen, Kotlety goldgelb ausbraten, anschließend in eine Auflaufform geben und ca. 12 Minuten backen.

Rybnyje kotlety – Fisch-Frikadellen

FÜR 3–4 PORTIONEN

Zeitbedarf: ca. 20 Minuten

½ Bund Dill
1 Knoblauchzehe
80 g Zwiebeln, halbiert
500 g Seelachsfilets
2 Eier
2 Scheiben Toastbrot, ohne Rand, in Stücken
1 TL Salz
½ TL schwarzer Pfeffer
1 EL Wasser
100 g Paniermehl
Öl zum Braten

1. Dill und Knoblauch in den Mixtopf geben, **3 Sekunden/Stufe 8** zerkleinern und mit dem Spatel nach unten schieben. Zwiebeln hinzugeben, **5 Sekunden/Stufe 5** zerkleinern und mit dem Spatel nach unten schieben.

2. Seelachsfilets mit einem Stück Küchenrolle trockentupfen und in Stücke schneiden. Seelachfilets, 1 Ei, Toastbrot, Salz und Pfeffer in den Mixtopf geben und **15 Sekunden/Stufe 6** mithilfe des Spatels vermischen.

3. Aus der Fischmischung mit feuchten Händen Kugeln formen und leicht flach drücken.

4. In einem Teller 1 Ei mit Wasser verquirlen. Auf einem weiteren Teller Paniermehl verteilen. Kotlety durch die Ei-Wasser-Mischung ziehen und im Paniermehl wenden.

5. In einer Pfanne reichlich Öl (Ölstand ca. 0,5 cm) erhitzen, Kotlety goldbraun ausbraten und auf Küchenrolle abtropfen lassen.

Die doppelte Menge an Fischmasse nacheinander zubereiten. Rybnyje kotlety mit Kartoffelpüree (siehe Seite 61) oder Salat zubereiten.

Plov – Reisgericht mit Hähnchen

FÜR 4 PORTIONEN

Zeitbedarf: ca. 40 Minuten

500 g Hähnchenbrustfilets, in Würfeln á 2 cm x 2 cm
1 ½ TL Salz
½ TL schwarzer Pfeffer
1 ½ TL Paprika, edelsüß
200 g Zwiebeln, halbiert
200 g Karotten, in Stücken
80 g Öl
2 geh. TL Gemüsepaste bzw. 2 Gemüsebrühwürfel
½ TL Paprika, rosenscharf
¼ TL Kurkuma
¼ TL Kreuzkümmel, gem.
250 g Reis, parboiled
5 Knoblauchzehen, ungeschält
1200 g Wasser

Das A und O eines guten Plovs sind die vielen Gewürze. Plov schmeckt noch besser, wenn man das Fleisch in einer Pfanne scharf anbrät und danach in den Varomabehälter gibt.

1. 30 g Öl, ½ TL Salz, ¼ TL Pfeffer und ½ TL Paprika in den Mixtopf geben, **10 Sekunden/Stufe 5** vermischen, zusammen mit dem Hähnchenfleisch in eine Schüssel geben, gut vermischen und für ca. 30 Minuten abgedeckt in den Kühlschrank stellen.

2. Zwiebeln und Karotten in den Mixtopf geben, **5 Sekunden/Stufe 5** zerkleinern und mit dem Spatel nach unten schieben. 50 g Öl hinzugeben und **6 Minuten/Varoma/Stufe 1** dünsten. Gemüsepaste, 1 TL Salz und die restlichen Gewürze hinzugeben.

3. Hähnchenfleisch in den Varomabehälter geben und zur Seite stellen.

4. Gareinsatz in den leeren Mixtopf einhängen, Reis einwiegen, Gareinsatz herausnehmen, Reis unter fließendem Wasser abspülen. Wasser in den Mixtopf geben, Gareinsatz einhängen, Knoblauch mit Schale in den Reis stecken, Varomabehälter aufsetzen und **25 Minuten/Varoma/Stufe 1** kochen.

5. Gareinsatz herausnehmen, Knoblauch herausnehmen, Reis und Fleisch in eine große Schüssel umfüllen. Mixtopf-Inhalt durch den Gareinsatz sieben, in die Schüssel geben, gut durchmischen und ca. 5 Minuten ziehen lassen.

Tuschonaja kapusta – Gedünsteter Spitzkohl

FÜR 2–3 PORTIONEN

Zeitbedarf: ca. 40 Minuten

500 g Spitzkohl
70 g Zwiebeln, halbiert
70 g Karotten, in Stücken
2 Knoblauchzehen
30 g Öl
30 g Tomatenmark
10 g Mehl
150 g Wasser
1 TL Weißwein-Essig
2 Lorbeerblätter, getrocknet
1 TL Salz
¼ TL schwarzer Pfeffer
200 g Fleischwurst, in kleinen Würfeln

1. Je 250 g Spitzkohl in den Mixtopf geben, **2–3 Sekunden/Stufe 4** zerkleinern und in eine Schüssel umfüllen.

2. Zwiebeln, Karotten, Knoblauch und Öl in den Mixtopf geben, **5 Sekunden/Stufe 5** zerkleinern, mit dem Spatel nach unten schieben und **2 Minuten/Varoma/Stufe 1** dünsten. Tomatenmark und Mehl hinzugeben und **3 Minuten/Varoma/Stufe 1** dünsten.

3. Spitzkohl, Wasser, Weißwein-Essig, Lorbeerblätter, Salz und Pfeffer hinzugeben und **20 Minuten/100 °C/Linkslauf/Stufe 1** kochen. Fleischwurst hinzugeben und weitere **10 Minuten/100 °C/Linkslauf/Stufe 1** kochen.

Tuschonaja kapusta mit Kartoffelpüree (siehe Seite 61) servieren.
Spitzkohl kann auch mit dem Messer in Streifen geschnitten werden.

Tuschonaja kartoschka – Gedünstete Kartoffeln

FÜR 3–4 PORTIONEN

Zeitbedarf: ca. 70 Minuten

60 g Öl
1 ½ TL Salz
½ TL schwarzer Pfeffer
½ TL Paprika, edelsüß
600 g Hähnchenbrustfilets in Würfeln á 2 cm x 2 cm
100 g Zwiebeln, halbiert
100 g Karotten, in Stücken
1–1,5 kg Kartoffeln, in Stücken
400 g Wasser
1 EL Gemüsepaste oder 1 ½ TL Gemüsebrühe
1 Lorbeerblatt, getrocknet

1. 30 g Öl, ½ TL Salz, ¼ TL Pfeffer und Paprika in den Mixtopf geben, **10 Sekunden/Stufe 5** vermischen, zusammen mit dem Hähnchenfleisch in eine Schüssel geben, gut vermischen und für ca. 30 Minuten abgedeckt in den Kühlschrank stellen.

2. Zwiebeln und Karotten in den Mixtopf geben, **4 Sekunden/Stufe 5** zerkleinern und mit dem Spatel nach unten schieben. 30 g Öl hinzugeben und **5 Minuten/120 °C/Stufe 1** dünsten.

3. Hähnchenfleisch auf dem Einlegeboden verteilen, Kartoffeln in den Varomabehälter geben und salzen. Wasser, Gemüsepaste und Lorbeerblatt in den Mixtopf geben, Varomabehälter aufsetzen, Einlegeboden einsetzen und **30 Minuten/Varoma/Stufe 1** garen.

4. Alle Zutaten in eine große Schüssel geben, gut vermischen und ca. 5 Minuten ziehen lassen.

Gulasch mit Kartoffeln

FÜR 3–4 PORTIONEN

Zeitbedarf: ca. 75 Minuten

400 g Zwiebeln, halbiert
30 g Öl
40 g Tomatenmark
700 g Rindergulasch
1 EL Mehl
600 g Gemüsebrühe
2 TL Salz
2 EL Paprika, edelsüß
½ TL schwarzer Pfeffer
2 Lorbeerblätter, getrocknet
500 g Kartoffeln, in Stücken

1. Zwiebeln in den Mixtopf geben, **5 Sekunden/Stufe 5** zerkleinern und mit dem Spatel nach unten schieben. Öl hinzugeben und **3 Minuten/Varoma/Stufe 1** dünsten. Tomatenmark hinzugeben und weitere **2 Minuten/100 °C/Stufe 2** dünsten.

2. Währenddessen Rindergulasch mit Mehl in einer Schüssel vermischen.

3. Rindergulasch hinzugeben und **5 Minuten/120 °C/Linkslauf/Sanftrührstufe** kochen.

4. Gemüsebrühe, 1 TL Salz, Paprika, Pfeffer und Lorbeerblätter hinzugeben und weitere **40 Minuten/100 °C/Linkslauf/Sanftrührstufe** kochen.

5. Kartoffeln in den Varomabehälter geben, salzen, Varomabehälter aufsetzen und weitere **25 Minuten/Varoma/Linkslauf/Sanftrührstufe** kochen.

Sapetschenaja kurotschka – Hähnchen in Knoblauchsoße

FÜR 4–5 PORTIONEN

Zeitbedarf: ca. 100 Minuten

Für die Soße:
250 g Sonnenblumenöl
5–7 Knoblauchzehen
1 Ei (zimmerwarm)
1 TL Essig
1 TL Senf, mittelscharf
2–3 TL Salz
1 TL schwarzer Pfeffer

800 g Hähnchenunterschenkel
1 kg Kartoffeln, festkochend, in Stücken

1. Eine Schüssel auf den Mixtopfdeckel stellen, Sonnenblumenöl einwiegen und zur Seite stellen.

2. Knoblauch in den Mixtopf geben, **3 Sekunden/Stufe 8** zerkleinern und mit dem Spatel nach unten schieben. Ei, Essig, Senf, Salz und Pfeffer hinzugeben und **10 Sekunden/Stufe 5** vermischen.

3. **Stufe 3,5** einstellen, Sonnenblumenöl langsam auf den Mixtopfdeckel geben und in einem dünnen Strahl am Messbecher vorbei auf das laufende Messer träufeln lassen (ca. **3,5 Minuten**).

4. Backofen auf 200 °C Ober-/Unterhitze vorheizen und ein Backblech mit Backpapier auslegen.

5. Hähnchen und Kartoffeln mit der Soße vermischen, auf das Backblech geben, ggf. mit Salz und Pfeffer abschmecken, mit Alufolie abdecken und mit der Gabel mehrfach einstechen.

6. Nach ca. 1 Stunde die Folie abnehmen und weitere 25–30 Minuten goldbraun backen.

Toltschenaja kartoschka – Kartoffelpüree

FÜR 2–3 PORTIONEN

Zeitbedarf: ca. 20 Minuten

500 g Kartoffeln, mehlig kochend, in Stücken
150 g Milch
30 g Butter
1 TL Salz
½ TL schwarzer Pfeffer

1. Kartoffeln und Milch in den Mixtopf geben und **15–18 Minuten/100 °C/Stufe 1** kochen.

2. Restliche Zutaten hinzugeben und **20–30 Sekunden/Stufe 3** vermischen.

Kartoffelpüree zunächst 20 Sekunden rühren. Wenn die Konsistenz noch nicht stimmt, die Zeit allmählich auf maximal 30 Sekunden erhöhen.

Draniki – Kartoffelpuffer

FÜR 2–3 PORTIONEN

Zeitbedarf: ca. 20 Minuten

3 Knoblauchzehen
½ Bund Petersilie
1 kg Kartoffeln, festkochend, in Stücken
130 g Zwiebeln, halbiert
2 TL Salz
½ TL schwarzer Pfeffer
45 g Mehl
1 Ei
Öl zum Braten

1. Knoblauch und Petersilie in den Mixtopf geben, **3 Sekunden/Stufe 8** zerkleinern und mit dem Spatel nach unten schieben. Restliche Zutaten zugeben und mithilfe des Spatels **12 Sekunden/Stufe 5** zerkleinern.

2. In einer Pfanne reichlich Öl (Ölstand ca. 0,5 cm) erhitzen, je 2 EL Kartoffelmischung in die Pfanne geben, Draniki goldbraun ausbraten und auf Küchenrolle abtropfen lassen.

Pirozhki s mjasom – Teigtaschen mit Hackfleisch-Füllung

(aus dem Ofen)

FÜR 14–16 STÜCK

Zeitbedarf: ca. 90 Minuten

Für den Teig:
250 g Milch
½ Würfel Hefe
2 EL Zucker
500 g Mehl
80 g Öl
2 TL Salz

Für die Füllung:
150 g Zwiebeln, halbiert
1 Knoblauchzehe
2 EL Öl
500 g Hackfleisch, gemischt
1 TL Salz
½ TL schwarzer Pfeffer

1 Eigelb

1. Für den Teig Milch, Hefe und Zucker in den Mixtopf geben und **2 Minuten/37 °C/Stufe 2** erwärmen. Restliche Zutaten hinzugeben und **3 Minuten/Knetstufe** kneten. Teig in eine Schüssel geben und abgedeckt an einem warmen Ort ca. 45 Minuten gehen lassen, bis sich sein Volumen verdoppelt hat.

2. Für die Füllung Zwiebeln und Knoblauch in den Mixtopf geben und **5 Sekunden/Stufe 5** zerkleinern.

3. In einer Pfanne Öl erhitzen, Zwiebeln und Knoblauch hinzugeben und glasig anbraten. Hackfleisch hinzugeben, braten, bis es durch ist, mit Salz und Pfeffer abschmecken und anschließend abkühlen lassen.

4. Teig zu einem Strang ausrollen, in 14–16 Stücke schneiden und zu Kugeln formen. Einzelne Kugeln dünn ausrollen (ca. 5 mm), je 2 EL Füllung auf den Teig geben und die Kanten gut zusammendrücken.

Probier auch mal …
… Ei-Lauch-Füllung: siehe Seite 68.
… Kartoffel-Füllung: siehe Seite 80.

5. Pirozhki weitere 30 Minuten gehen lassen und mit Eigelb bestreichen.

6. Währenddessen Backofen auf 200 °C Ober-/Unterhitze (180 °C Umluft) vorheizen und ein Backblech mit Backpapier auslegen.

7. Pirozhki ca. 20 Minuten goldbraun backen.

Mjasnoj pirog – Herzhafter Kuchen

FÜR 4–6 PORTIONEN

Zeitbedarf: ca. 135 Minuten

Für den Teig:
250 g Butter, weich, in Stücken
450 g Mehl
1 Ei
3 EL Schmand
½ Pk. Backpulver
2 TL Salz

Für die Füllung:
1 EL Öl
1 Stange Porree, in dünnen Ringen
400 g Hackfleisch, gemischt
1 EL Schmand
1 TL Salz
½ TL schwarzer Pfeffer
250 g festkochende Kartoffeln, in dünnen Scheiben

1 Ei
1 EL Milch

1. Für den Teig alle Zutaten in den Mixtopf geben und **3 Minuten/Knetstufe** kneten. Teig in Frischhaltefolie einwickeln und für ca. 1 Stunde in den Kühlschrank stellen.

2. Für die Füllung in einer Pfanne Öl erhitzen, Porree und Hackfleisch anbraten, Schmand, Salz und Pfeffer hinzugeben und anschließend abkühlen lassen.

3. Backofen auf 200 °C Ober-/Unterhitze (180 °C Umluft) vorheizen und eine runde Backform fetten.

4. Teig in zwei Teile (⅔ und ⅓) teilen und kreisförmig ausrollen. Größere Teigschicht in die Backform geben, Kartoffeln darauf verteilen und mit Salz und Pfeffer würzen. Lauch-Hackfleisch-Mischung auf den Kartoffeln verteilen, mit der zweiten Teigschicht bedecken und die Ränder gut verschließen.

5. Ei und Milch verquirlen, Pirog damit bestreichen und ca. 45–50 Minuten goldbraun backen.

Pirog kann auch auf einem Backblech gebacken werden. Hierfür den Teig in zwei gleiche Stücke teilen und rechteckig ausrollen.

Pirozhki s jaizami – Teigtaschen mit Ei-Lauch-Füllung (frittiert)

FÜR 14–16 STÜCK

Zeitbedarf: ca. 50 Minuten

Für die Füllung:
800 g Wasser
8 Eier
1 Bund Lauch, in dünnen Streifen
1 TL Salz
½ TL schwarzer Pfeffer

Für den Teig:
250 g Kefir
100 g Crème fraîche
1 Ei
600 g Mehl
1 Pk. Backpulver
2 TL Salz

Öl zum Braten

1. Für die Füllung Wasser in den Mixtopf geben, den Gareinsatz einhängen, Eier in den Gareinsatz geben und **17 Minuten/Varoma/Stufe 1** garen. Gareinsatz mit dem Spatel entnehmen, Eier unter fließend kaltes Wasser halten.

2. Abgekühlte Eier in Würfel schneiden und in eine Schüssel geben. Lauch hinzugeben, gut vermischen und mit Salz und Pfeffer abschmecken.

3. Für den Teig alle Zutaten in den Mixtopf geben, **3 Minuten/Knetstufe** kneten, auf eine bemehlte Arbeitsfläche geben und von Hand etwas weiterkneten (ggf. noch etwas mehr Mehl hinzugeben).

4. Teig zu einem Strang ausrollen, in 14–16 Stücke schneiden und zu Kugeln formen. Einzelne Kugeln dünn ausrollen (ca. 5 mm), ca. 2 EL Füllung auf den Teig geben und die Kanten gut zusammendrücken.

5. In einer Pfanne Öl (Ölstand ca. 1 cm) erhitzen, Pirozhki zuerst mit der »Naht« nach unten in die Pfanne geben, von beiden Seiten goldbraun ausbraten und auf Küchenrolle abtropfen lassen.

Probier auch mal …
… Hackfleisch-Füllung: siehe Seite 64.
… Kartoffel-Füllung: siehe Seite 80.

Tschebureki – Gebratene Teigtaschen mit Hackfleisch-Füllung

FÜR 14–16 STÜCK

Zeitbedarf: ca. 90 Minuten

Für den Teig:
500 g Mehl, Type 550
250 g Wasser
1 TL Sonnenblumenöl
1 TL Salz

Für die Füllung:
200 g Zwiebeln, halbiert
100 g Wasser
400 g Hackfleisch, gemischt
1 TL Salz
½ TL schwarzer Pfeffer

Öl zum Braten

1. Für den Teig alle Zutaten in den Mixtopf geben und **3 Minuten/Knetstufe** kneten. Teig in Frischhaltefolie einwickeln und ca. 1 Stunde ruhen lassen. Mixtopf spülen.

2. Für die Füllung Zwiebeln und Wasser in den Mixtopf geben, **5 Sekunden/Stufe 5** zerkleinern und mit dem Spatel nach unten schieben. Restliche Zutaten hinzugeben und **1 Minuten/Knetstufe** vermischen.

3. Teig zu einem Strang ausrollen, in 14–16 Stücke schneiden und zu Kugeln formen. Einzelne Kugeln dünn ausrollen (ca. 3 mm) und ca. 1–2 EL Füllung auf eine Hälfte des Kreises geben, gleichmäßig verteilen, in der Mitte falten, leicht platt drücken und die Kanten mit einer Gabel gut zusammendrücken.

4. In einer Pfanne Öl (Ölstand ca. 0,5 cm) erhitzen, Tschebureki in die Pfanne geben, von beiden Seiten goldbraun ausbraten und auf Küchenrolle abtropfen lassen.

Richtige Tschebureki müssen dünn sein.

Beljaschi – Gebratene Teigtaschen mit Hackfleisch-Füllung

FÜR 15 STÜCK

Zeitbedarf: ca. 120 Minuten

Für den Teig:
250 g Milch
1 Pk. Trockenhefe á 7 g
1 EL Zucker
40 g Butter, in Stücken
400 g Mehl
1 TL Salz

Für die Füllung:
120 g Zwiebeln, halbiert
500 g Hackfleisch, gemischt
30 g Wasser
1 TL Salz
½ TL schwarzer Pfeffer

Öl zum Braten

1. Für den Teig Milch, Hefe und Zucker in den Mixtopf geben und **3 Minuten/37 °C/Stufe 2** erwärmen. Restliche Zutaten hinzugeben und **2 Minuten/Knetstufe** kneten. Teig in eine Schüssel geben und abgedeckt an einem warmen Ort ca. 1 Stunde gehen lassen. Mixtopf spülen.

2. Für die Füllung Zwiebeln in den Mixtopf geben, **6 Sekunden/Stufe 5** zerkleinern und mit dem Spatel nach unten schieben. Hackfleisch, Wasser, Salz und Pfeffer hinzugeben und **1 Minute/Knetstufe** vermischen.

3. Teig zu einem Strang ausrollen, in 15 Stücke schneiden und zu Kugeln formen. Einzelne Kugeln dünn ausrollen (ca. 5 mm) und 2 EL Füllung in die Mitte geben, Ränder zur Mitte führen und ineinanderflechten, die Mitte bleibt frei, d. h., das Hackfleisch ist zu sehen.

4. In einer Pfanne Öl (Ölstand ca. 1,5 cm) erhitzen. Beljaschi zuerst mit der offenen Seite nach unten in die Pfanne geben, von beiden Seiten goldbraun ausbraten und auf Küchenrolle abtropfen lassen.

Sosiski w teste – Würstchen im Schlafrock

FÜR 16 STÜCK

Zeitbedarf: ca. 70 Minuten

Für den Teig:
250 g Milch
½ Würfel Hefe
2 EL Zucker
500 g Mehl
80 g Sonnenblumenöl
2 TL Salz

16 Mini-Wienerwürstchen
1 Ei
1 EL Milch

1. Für den Teig Milch, Hefe und Zucker in den Mixtopf geben und **3 Minuten/37 °C/Stufe 2** erwärmen. Restliche Zutaten hinzugeben und **3 Minuten/Knetstufe** kneten. Teig in eine Schüssel geben und abgedeckt an einem warmen Ort ca. 30 Minuten gehen lassen, bis sich sein Volumen verdoppelt hat.

2. Backofen auf 200 °C Ober-/Unterhitze (180 °C Umluft) vorheizen und Backblech mit Backpapier auslegen.

3. Teig zu einem Strang ausrollen, in 16 Stücke schneiden und zu Kugeln formen. Einzelne Kugeln dünn oval ausrollen (ca. 5 mm), je ein Mini-Wienerwürstchen in die Mitte geben, im 45°-Winkel mit ca. 1 cm Abstand einschneiden, die einzelnen Teigstränge abwechselnd über das Würstchen klappen.

4. Ei mit Milch verquirlen, Sosiski w teste damit bestreichen und ca. 20 Minuten goldbraun backen.

Pelmeni – Teigtaschen mit Hackfleisch-Füllung

FÜR 3–4 PORTIONEN

Zeitbedarf: ca. 75 Minuten

Für den Teig:
500 g Mehl
200 g Wasser
1 Ei
1 ½ TL Salz
20 g Öl

Für die Füllung:
200 g Zwiebeln, halbiert
500 g Hackfleisch, gemischt
1 TL Salz
¼ TL schwarzer Pfeffer

etwas Butter zum Servieren
Schmand und Ketchup zum Servieren

Pelmeni lassen sich noch schneller mit einem Pelmeni-Formeisen formen.
Sie lassen sich zudem hervorragend auf Vorrat einfrieren. Hierfür die ungekochten Pelmeni auf einem Backpapier verteilen und ins Gefrierfach geben. Auf diese Weise Pelmeni schichtweise stapeln, bis das Gefrierfach voll ist. Sobald die Pelmeni gefroren sind, auf Gefriertüten verteilen.

1. Für den Teig Mehl, Wasser, Ei und Salz in den Mixtopf geben und **1 Minute/Knetstufe** kneten. Öl hinzugeben und weitere **2 Minuten/Knetstufe** kneten. Teig in Frischhaltefolie wickeln und ca. 30 Minuten ruhen lassen.

2. Für die Füllung Zwiebeln in den Mixtopf geben und **5 Sekunden/Stufe 5** zerkleinern. Hackfleisch, Salz und Pfeffer hinzugeben und **1 Minute/Knetstufe** vermischen.

3. Teig auf eine bemehlte Arbeitsfläche geben, in vier Teile schneiden und jeweils zu einem dünnen Strang ausrollen. Die Stränge in mehrere kleine Stücke schneiden (25–30), die Stücke durch Drücken zu einem Kreis formen und dünn ausrollen (ca. 3 mm).

4. In die Mitte jedes Kreises ca. 1 TL Füllung geben, in der Mitte falten, Kanten gut zusammendrücken und die äußeren Enden zusammenkleben.

5. Pelmeni in kochendes Salzwasser geben und ca. 10–15 Minuten kochen; wenn sie an der Oberfläche schwimmen, weitere 3 Minuten köcheln lassen.

6. Fertige Pelmeni mit dem Schaumlöffel herausnehmen, in eine Schüssel geben und in etwas Butter schwenken.

7. Pelmeni mit Schmand oder Ketchup servieren.

Manty – Asiatische Teigtaschen

FÜR 2–3 PORTIONEN

Zeitbedarf: ca. 80 Minuten

Für den Teig:
370 g Mehl
200 g Wasser
1 TL Salz

Für die Füllung:
250 g Zwiebeln
500 g Hackfleisch, gemischt
1 TL Salz
¼ TL schwarzer Pfeffer

700 g Wasser
Öl für Varoma und Einlegeboden

1. Für den Teig alle Zutaten in den Mixtopf geben, **15 Sekunden/Stufe 2** vermischen und weitere **2 Minuten/Knetstufe** kneten. Teig in Frischhaltefolie einwickeln und ca. 30 Minuten ruhen lassen.

2. Für die Füllung Zwiebeln in den Mixtopf geben, **8 Sekunden/Stufe 5** zerkleinern und mit dem Spatel nach unten schieben. Hackfleisch, Salz und Pfeffer hinzugeben und **1 Minute/Knetstufe** vermischen.

3. Teig in 4 Teile schneiden, dünn ausrollen (ca. 3 mm) und mit einer runden Form Kreise ausstechen (ca. 10 cm Durchmesser). In die Mitte des Kreises, ca. 1 EL Fleisch-Füllung geben. Teig auf beiden Seiten hochklappen und in der Mitte auf ca. 3 cm Länge zusammenkleben, die Enden hochklappen und quer zum Mittelteil T-förmig verbinden, Enden aneinanderpressen, sodass ein Kreis entsteht.

4. Einlegeboden und Varomabehälter mit Öl bestreichen, Manty hineingeben, Varomabehälter aufsetzen und **30 Minuten/Varoma/Stufe 1** garen.

Vegetarische Füllung: Ca. 600 g Kartoffeln oder Kürbis in kleine Würfel schneiden, mit Salz und Pfeffer abschmecken. Manty mit zerlassener Butter, Schmand oder Adschika (siehe Seite 32) servieren.

Wareniki – Gefüllte Teigtaschen

FÜR 3–4 PORTIONEN

Zeitbedarf: ca. 65 Minuten

Für den Teig:
500 g Mehl
200 g Wasser
1 Ei
1 TL Salz
20 g Öl

Für die Füllung:
500 g Wasser
2 TL Salz
700 g Kartoffeln, in Stücken
100 g Zwiebeln, halbiert
40 g Butter

etwas Butter zum Servieren
Schmand zum Servieren

1. Für den Teig Mehl, Wasser, Ei und Salz in den Mixtopf geben und **1 Minute/Knetstufe** kneten. Öl hinzugeben und weitere **2 Minuten/Knetstufe** kneten. Teig in Frischhaltefolie wickeln und ca. 30 Minuten ruhen lassen.
2. Währenddessen die Füllung zubereiten. Wasser und 1 TL Salz in den Mixtopf geben, den Gareinsatz einhängen, Kartoffeln in den Gareinsatz geben und **25 Minuten/Varoma/Stufe 1** garen. Gareinsatz mit dem Spatel entnehmen und Mixtopf leeren. Kartoffeln abkühlen lassen.
3. Zwiebeln in den Mixtopf geben, **5 Sekunden/Stufe 5** zerkleinern und mit dem Spatel nach unten schieben. Butter hinzugeben und **4 Minuten/Varoma/Stufe 1** dünsten. Kartoffeln und 1 TL Salz hinzugeben und **20 Sekunden/Stufe 3** vermischen.
4. Teig in 4 Teile schneiden, dünn ausrollen (ca. 3 mm) und mit einem Glas Kreise ausstechen. In die Mitte jedes Kreises ca. 1 TL Füllung geben, in der Mitte falten und Kanten zusammendrücken.
5. Wareniki in kochendes Salzwasser geben und ca. 10–15 Minuten kochen, wenn sie an der Oberfläche schwimmen, weitere 3 Minuten köcheln lassen. Fertige Wareniki mit dem Schaumlöffel herausnehmen, in eine Schüssel geben und in etwas Butter schwenken.
6. Wareniki mit Schmand servieren.

Tworog-Füllung: 2 Pk. Russischer Tworog à 275 g, 1 Ei und 2–3 EL Zucker **30 Sekunden/Linkslauf/Stufe 3** vermischen.

Kirsch-Füllung: 2 Gläser saure Kirschen (Abtropfgewicht 720 ml), 100 g Zucker
Kirschen gut abtropfen lassen, 2 bis 3 Kirschen in die Mitte des Kreises geben und mit etwas Zucker bestreuen.

Wareniki lassen sich zudem hervorragend auf Vorrat einfrieren (siehe Seite 77).

Leniwyje wareniki – Wareniki für Faule

FÜR 3–4 PORTIONEN

Zeitbedarf: ca. 30 Minuten

2 Eier
50 g Zucker (ggf. etwas mehr)
1 Pk. Vanillezucker
25 g Butter, weich
2 EL Grieß
220 g Mehl und etwas mehr für die Arbeitsfläche
1 Pk. Russischer Tworog á 275 g
Butter zum Servieren
Schmand oder Marmelade zum Servieren

1. Eier, Zucker, Vanillezucker und Butter in den Mixtopf geben und **45 Sekunden/Stufe 4** vermischen. Restliche Zutaten hinzugeben und **1,5 Minuten/Knetstufe** vermischen.

2. Teig auf eine gut bemehlte Arbeitsfläche geben und von Hand weiterkneten bis der Teig nicht mehr an den Händen klebt.

3. Teig in zwei Teile schneiden, jeweils zu einem dünnen Strang ausrollen, die Stränge in mehrere kleine Stücke (ca. 25–30) schneiden.

4. Leniwyje wareniki in kochendes Salzwasser geben und ca. 10–15 Minuten kochen, wenn sie an der Oberfläche schwimmen, weitere 3 Minuten köcheln lassen. Fertige Leniwyje Wareniki mit dem Schaumlöffel herausnehmen, in eine Schüssel geben und in etwas Butter schwenken.

5. Leniwyje wareniki mit Schmand oder Marmelade servieren.

Deserty i sladosti – Desserts und Süßigkeiten

Krepli – Rollkuchen

FÜR 5–6 PORTIONEN

Zeitbedarf: ca. 70 Minuten

250 g Kefir
2 EL Sonnenblumenöl
1 Ei
70 g Zucker
450 g Mehl und etwas für die Arbeitsfläche
1 Pk. Backpulver
½ TL Salz
Öl zum Braten und für die Arbeitsfläche

1. Kefir in den Mixtopf geben und **2 Minuten/37 °C/Stufe 2** erwärmen.
2. Sonnenblumenöl, Ei und Zucker hinzugeben, **30 Sekunden/Stufe 4** vermischen. Restliche Zutaten hinzugeben und **2 Minuten/Knetstufe** kneten.
3. Teig auf eine bemehlte Arbeitsfläche geben, zu einer Kugel formen und ca. 30 Minuten ruhen lassen.
4. Teig auf einer geölten Arbeitsfläche dünn ausrollen (ca. 1 cm dick) und in Rauten schneiden. Jeweils einen Schlitz in die Rauten einschneiden und ein Ende durch den Schlitz ziehen.
5. In einer Pfanne Öl (Ölstand ca. 1,5 cm) erhitzen, Krepli in die Pfanne geben, von beiden Seiten goldbraun ausbraten und auf Küchenrolle abtropfen lassen.

Krepli mit gezuckerter Kondensmilch oder Marmelade servieren. Wir essen Krepli z. B. gerne zu Wassermelone.

Watruschki – Quark-Hefeplunder

FÜR 16 STÜCK

Zeitbedarf: ca. 90 Minuten

Für den Teig:
220 g Milch
1 Würfel Hefe
80 g Zucker
80 g Butter, weich, in Stücken
1 Ei
500 g Mehl
½ TL Salz

Für die Füllung:
500 g Magerquark
1 Pk. Puddingpulver Vanille
2 Pk. Vanillezucker
80 g Zucker

1 Ei
2 EL Milch

1. Für den Teig Milch, Hefe und Zucker in den Mixtopf geben und **3 Minuten/37 °C/Stufe 2** erwärmen. Restliche Zutaten hinzugeben und **2 Minuten/Knetstufe** kneten. Teig in eine Schüssel geben und abgedeckt an einem warmen Ort ca. 30 Minuten gehen lassen, bis sich sein Volumen verdoppelt hat. Mixtopf spülen.

2. Für die Füllung alle Zutaten in den Mixtopf geben und **30 Sekunden/Stufe 3,5** vermischen.

3. Teig zu einem Strang ausrollen, in 16 Stücke schneiden, zu Kugeln formen und weitere 20 Minuten abgedeckt gehen lassen.

4. Backofen auf 170 °C Umluft vorheizen und zwei Backbleche mit Backpapier auslegen.

5. Mithilfe eines Glasbodens Mulden in den Teig drücken und ca. 1 EL Quarkfüllung in jede Mulde geben.

6. Ei mit Milch verquirlen, Watruschki damit bestreichen und ca. 20–25 Minuten goldbraun backen.

Am besten schmecken Watruschki lauwarm. Wenn man sie nach dem Auskühlen kurz in der Mikrowelle erwärmt, schmecken sie wieder frisch.

Plüschki – Süße Hefebrötchen

FÜR 16 STÜCK

Zeitbedarf: ca. 75 Minuten

Für den Teig:
220 g Milch
1 Würfel Hefe
80 g Zucker
80 g Butter, weich, in Stücken
1 Ei
500 g Mehl
½ TL Salz

Etwas Sonnenblumenöl
Etwas Zucker
1 Ei
2 EL Milch

1. Für den Teig Milch, Hefe und Zucker in den Mixtopf geben und **3 Minuten/37 °C/Stufe 2** erwärmen. Restliche Zutaten hinzugeben und **2 Minuten/Knetstufe** kneten. Teig in eine Schüssel geben und abgedeckt an einem warmen Ort ca. 30 Minuten gehen lassen, bis sich sein Volumen verdoppelt hat.

2. Teig zu einem Strang ausrollen, in 16 Stücke schneiden, zu Kugeln formen und dünn ausrollen (ca. 5 mm).

3. Teig mit Sonnenblumenöl bestreichen, mit Zucker bestreuen und aufrollen. Die Rolle einmal knicken, vom Knick zu den offenen Enden hin etwa ⅔ weit einschneiden, entlang des Schnittes nach rechts und links aufklappen und herzförmig auf das Backblech legen.

4. Plüschki noch weitere 20 Minuten abgedeckt gehen lassen.

5. Währenddessen Backofen auf 190 °C Ober-/Unterhitze (170 °C Umluft) vorheizen und ein Backblech mit Backpapier belegen.

6. Ei mit Milch verquirlen, Plüschki damit bestreichen und ca. 20–25 Minuten goldbraun backen.

Ponchiki – Russische Donuts

FÜR 15 STÜCK

Zeitbedarf: ca. 120 Minuten

300 g Wasser
½ Würfel Hefe
50 g Zucker
1 Ei
500 g Mehl
1 TL Salz
25 g Butter, weich, in Stücken
ca. 300 ml Öl zum Braten und etwas mehr für Arbeitsfläche und Hände

1. Wasser, Hefe und Zucker in den Mixtopf geben und **3 Minuten/37 °C/Stufe 2** erwärmen. Ei, Mehl und Salz hinzugeben und **3 Minuten/Knetstufe** kneten. Butter hinzufügen und **2 Minuten/Knetstufe** kneten.

2. Eine große Schüssel mit Sonnenblumenöl bestreichen, Teig umfüllen und abgedeckt an einem warmen Ort ca. 1 Stunde gehen lassen, bis sich sein Volumen verdoppelt hat.

3. Arbeitsfläche und Hände ölen. Aus dem Teig mit geölten Händen 15 Kugeln formen (Achtung der Teig ist nicht sehr fest!), in der Mitte der Kugel ein Loch machen, einen Donut formen und weitere 30 Minuten abgedeckt gehen lassen.

4. In einem Topf Sonnenblumenöl auf mittlerer Stufe erhitzen. Ponchiki von beiden Seiten goldbraun ausbacken und auf Küchenrolle abtropfen lassen.

Ponchiki mit Puderzucker servieren.

Scherbet – Weichkaramell mit Nüssen

FÜR 4 PORTIONEN

Zeitbedarf: ca. 40 Minuten
Ruhezeit: ca. 3 Stunden

200 g Zucker
120 g gezuckerte Kondensmilch (z. B. Milchmädchen)
50 g Wasser
140 g Nüsse (z. B. Cashews oder ungesalzene Erdnüsse)
1 TL Vanilleextrakt

1. Zucker in den Mixtopf geben, **15 Sekunden/Stufe 10** pulverisieren und mit dem Spatel nach unten schieben. Gezuckerte Kondensmilch und Wasser hinzugeben, **10 Sekunden/Stufe 4** vermischen und **35 Minuten/120 °C/Linkslauf/Stufe 1** kochen. Nach 20 Minuten Messbecher abnehmen.

2. Masse anschließend auf ca. 50 °C abkühlen lassen und **10 Sekunden/Stufe 3** vermischen.

3. Nüsse und Vanilleextrakt hinzugeben und **10 Sekunden/Linkslauf/Stufe 2** vermischen.

4. Eine Dose (15 cm x 15 cm) mit Frischhaltefolie auslegen, Scherbet-Masse hineingeben und für ca. 3 Stunden in den Kühlschrank stellen.

Oreschki – Süße Nüsse

FÜR 6–8 PORTIONEN

Zeitbedarf: ca. 50 Minuten

Zaubernuss-Eisen

Für den Teig:
200 g Margarine
100 g Zucker
2 Eier
1 Prise Salz
450 g Mehl
1 TL Backpulver

Für die Füllung:
1 Dose gezuckerte Kondensmilch, gekocht
100 g Mascarpone

1. Für den Teig Margarine, Zucker, Eier und Salz in den Mixtopf geben und **30 Sekunden/Stufe 4** vermischen. Mehl und Backpulver hinzugeben und **2 Minuten/Knetstufe** kneten. Mixtopf spülen.

2. Zaubernuss-Eisen vorheizen.

3. Teig in kleine Stückchen á ca. 5 g teilen und zu Kugeln formen.

4. Kugeln im Zaubernuss-Eisen zu Nusshälften backen und abkühlen lassen. Überreste mit einem Messer abschneiden und zur Seite stellen.

5. Für die Füllung gezuckerte Kondensmilch, Mascarpone und gebackene Teigreste in den Mixtopf geben und **20 Sekunden/Linkslauf/Stufe 3** vermischen.

6. Die Füllung in die Nusshälften geben und sie zu einer ganzen Nuss zusammenkleben.

Sladkaja kartoschka – Süße Kartoffeln

FÜR 3–4 PORTIONEN

Zeitbedarf: ca. 15 Minuten
Ruhezeit: ca. 1 Stunde

400 g Butterkekse
90 g Butter
200 g gezuckerte Kondensmilch (z. B. Milchmädchen)
3 TL Backkakao und etwas mehr zum Garnieren

1. Butterkekse in den Mixtopf geben, **10 Sekunden/Stufe 7** zerkleinern und in eine Schüssel umfüllen. Butter, gezuckerte Kondensmilch und Backkakao in den Mixtopf geben und **15 Sekunden/Stufe 4** vermischen. Butterkekse hinzugeben und **2 Minuten/Knetstufe** vermischen.

2. Masse auf die Arbeitsfläche geben und von Hand kurz weiterkneten. Aus der Masse mit feuchten Händen »Kartoffeln« formen und in Backkakao wälzen.

3. Süße Kartoffeln für 1–2 Stunden in den Kühlschrank stellen.

Schokoladnaja kolbaska – Schokowurst

FÜR 1 SCHOKOWURST

Zeitbedarf: ca. 10 Minuten
Ruhezeit: ca. 3 Stunden

200 g Butterkekse
100 g Walnüsse
50 g Schokolade (z. B. Zartbitter)
75 g Butter
200 g gezuckerte Kondensmilch (z. B. Milchmädchen)
1,5 EL Backkakao

1. Butterkekse in den Mixtopf geben, **7 Sekunden/Stufe 4** zerkleinern und in eine Schüssel umfüllen.

2. Walnüsse in den Mixtopf geben, **5 Sekunden/Stufe 4** zerkleinern und in die Schüssel hinzugeben.

3. Schokolade in den Mixtopf hinzugeben, **8 Sekunden/Stufe 7** zerkleinern und mit dem Spatel nach unten schieben. Butter hinzugeben und **3 Minuten/50 °C/Stufe 2** erwärmen. Gezuckerte Kondensmilch, Backkakao, Butterkekse und Walnüsse hinzugeben und **25 Sekunden/Linkslauf/Stufe 2** vermischen.

4. Schokomasse auf Frischhaltefolie geben, zu einer »Wurst« fest zusammenrollen und für ca. 3 Stunden in den Kühlschrank stellen.

Wenn es schneller gehen muss, die Schokowurst einfach ins Gefrierfach legen.

Joschik – Igelchen

FÜR 10–12 STÜCK

Zeitbedarf: ca. 50 Minuten
Ruhezeit: ca. 5 Stunden

Für den Teig:
6 Eier
200 g Zucker
250 g Margarine, in Stücken
200 g Schmand
480 g Mehl
1 Pk. Backpulver

Für die Creme:
200 g Butter, weich, in Stücken
1 Dose gezuckerte Kondensmilch (z. B. Milchmädchen)

1. Backofen auf 200 °C Ober-/Unterhitze (Umluft 180 °C) vorheizen und Fettwanne mit Backpapier auslegen.

2. Rühraufsatz einsetzen. Für den Teig Eier und Zucker in den Mixtopf geben und **1 Minute/Stufe 4** vermischen. Rühraufsatz entfernen. Margarine und Schmand hinzugeben, **40 Sekunden/Stufe 4** vermischen und mit dem Spatel nach unten schieben. Mehl und Backpulver hinzugeben und **2 Minuten/Stufe 4** mithilfe des Spatels unterheben. Mixtopf spülen.

3. Teig in die Fettwanne geben, ca. 20 Minuten goldgelb backen und abkühlen lassen.

4. Für die Creme Rühraufsatz einsetzen. Butter in den Mixtopf geben und **1 Minute/Stufe 3** rühren. Rühraufsatz entfernen. Gezuckerte Kondensmilch zugeben und **45 Sekunden/Stufe 3** vermischen.

5. Mit einem Glas kleine Kreise aus dem Teig stechen. Aus den Ausstechresten mit den Händen Krümel machen.

6. Einen Kreis mit Creme bestreichen, einen zweiten Kreis daraufsetzen. Den Joschik von oben und an den Seiten mit Creme bestreichen, mit Krümeln bestreuen und für ca. 5 Stunden durchziehen lassen.

Man kann Joschiki auch nur aus einem Kreis herstellen.

Persiki – Süße Pfirsiche

FÜR 5–6 PORTIONEN

Zeitbedarf: ca. 60 Minuten
Ruhezeit: ca. 6–8 Stunden

Für die Farbe:
1 Karotte, roh
1 Rote Bete, roh

Für den Teig:
2 Eier
180 g Zucker
40 g Schmand
70 g Butter, weich, in Stücken
470 g Mehl
1 TL Backpulver

Für die Füllung:
1 Dose gezuckerte Kondensmilch, gekocht

Anstelle natürlicher Farbstoffe kann auch Lebensmittelfarbe benutzt werden. Hierfür einfach gelbe und rote Lebensmittelfarbe mit Wasser oder Apfelsaft vermischen.

1. Jeweils Karotte und Rote Bete mit der Reibe hobeln, Saft ausdrücken und zur Seite stellen.
2. Für den Teig Eier und Zucker in den Mixtopf geben und **2 Minuten/Stufe 4** vermischen. Schmand und Butter hinzugeben und **15 Sekunden/Stufe 4** vermischen. Mehl und Backpulver hinzugeben und **2 Minuten/Knetstufe** kneten.
3. Teig auf eine bemehlte Arbeitsfläche geben und etwas von Hand weiterkneten. Teig in Frischhaltefolie einwickeln und für ca. 30 Minuten in den Kühlschrank stellen.
4. Währenddessen Backofen auf 170 °C Umluft vorheizen und zwei Backbleche mit Backpapier auslegen.
5. Aus dem Teig kleine Kugeln formen, mit ca. 3 cm Abstand auf die Backbleche geben, ca. 12–15 Minuten backen und abkühlen lassen.
6. Solange die Kugeln noch nicht komplett abgekühlt sind, mit einem Teelöffel aushöhlen und Überreste in eine Schüssel geben.
7. Für die Füllung gezuckerte Kondensmilch in die Schüssel zu den Teigresten geben und gut vermischen. Füllung in Kugel geben und zu einem Pfirsich zusammensetzen.
8. Auf einem Teller Zucker verteilen. Persiki je von einer Seite gelb und rot färben und in Zucker wälzen.
9. Persiki für 6–8 Stunden in den Kühlschrank stellen.

Korsinotschki s kremom – Körbchen mit Eiweißcreme

FÜR 8 STÜCK

Zeitbedarf: ca. 80 Minuten

Für den Teig:
300 g Mehl
120 g Butter, weich, in Stücken
30 g Zucker
80 g Wasser
1 Prise Salz

Für den Belag:
200 g Gelierzucker (2:1)
100 g Wasser
2 Eiweiß
1 Prise Salz

60 g Himbeermarmelade
Einige Himbeeren

Wer keine Tartelette-Förmchen hat, kann Korsinotschki auch im Muffin-Backblech backen.

1. Acht kleine Tartelette-Förmchen (ca. 10 cm) einfetten.

2. Für den Teig alle Zutaten in den Mixtopf geben und **20 Sekunden/Stufe 6** vermischen. Teig in Frischhaltefolie einwickeln und für ca. 15 Minuten in den Kühlschrank stellen. Mixtopf spülen.

3. Backofen auf 180 °C Ober-/Unterhitze (160 °C Umluft) vorheizen.

4. Teig auf einer bemehlten Arbeitsfläche zu einem Strang rollen, in 8 Stücke teilen, zu Kugeln formen, jede Kugel rund ausrollen und in die Tartelette-Förmchen geben.Teig mit einer Gabel mehrfach einstechen und 30–35 Minuten backen.

5. Für den Belag Gelierzucker und Wasser in den Mixtopf geben, **14 Minuten/Varoma/Stufe 1/ohne Messbecher** kochen und umfüllen. Mixtopf sehr gut spülen und abtrocknen.

6. Rühraufsatz einsetzen. Eiweiß und Salz in den Mixtopf geben und **2 Minuten/50 °C/Stufe 3,5** steif schlagen. Nach 1 Minute den Messbecher abnehmen. **8 Minuten/Stufe 3** einstellen, Zucker-Sirup im dünnen Strahl durch die Deckelöffnung zugeben, bis zum Schluss laufen lassen. Anschließend abkühlen lassen.

7. Tartelettes aus der Form lösen und Böden mit Himbeermarmelade bestreichen. Eiweißcreme in einen Spritzbeutel geben, die Tartelettes damit füllen und Himbeeren darauf verteilen.

Trubotschki s kremom – Russische Schaumlocken

FÜR 22–24 STÜCK

Zeitbedarf: ca. 65 Minuten

Trubotschki-Backform

2 Rollen Blätterteig à 275 g
2 Eier Gr. L, in Eiweiß und Eigelb getrennt
200 g Gelierzucker 2:1
100 g Wasser
1 Prise Salz

1. Backofen auf 200 °C Ober-/Unterhitze (180 °C Umluft) vorheizen.

2. Jede Blätterteigrolle in ca. 12 Stücke teilen und die Trubotschki-Backformen damit einwickeln. Eigelb verquirlen, Blätterteig damit bestreichen, ca. 20–25 Minuten goldgelb backen und abkühlen lassen.

3. Für die Füllung Gelierzucker und Wasser in den Mixtopf geben, **14 Minuten/Varoma/Stufe 1/ohne Messbecher** kochen und umfüllen. Mixtopf sehr gut spülen und abtrocknen.

4. Rühraufsatz einsetzen. Eiweiß und Salz in den Mixtopf geben, **2 Minuten/50 °C/Stufe 3,5** steif schlagen. Nach 1 Minute den Messbecher abnehmen. **8 Minuten/Stufe 3** einstellen, Zuckersirup im dünnen Strahl durch die Deckelöffnung hinzugeben und bis zum Schluss laufen lassen. Anschließend abkühlen lassen.

5. Eiweißcreme in einen Spritzbeutel geben und die Trubotschki damit befüllen.

Trubotschki mit Puderzucker servieren.

Belyje prjaniki – Weiße Lebkuchen

FÜR 30–35 STÜCK

Zeitbedarf: ca. 70 Minuten

Für den Teig:
1 Ei und 1 Eigelb
125 g Zucker
1 Pk. Vanillezucker
200 g Schmand
125 g Butter, weich, in Stücken
400 g Mehl
1 Pk. Backpulver
Öl zum Formen

Für die Glasur:
150 g Zucker
1 Eiweiß
½ TL Zitronensaft

1. Ei, Eigelb, Zucker und Vanillezucker in den Mixtopf geben und **1 Minute/Stufe 4** vermischen. Schmand und Butter hinzugeben und **15 Sekunden/Stufe 3** vermischen. Mehl und Backpulver hinzugeben und **1,5 Minuten/Knetstufe** vermischen.

2. Teig in Frischhaltefolie einwickeln und für ca. 30 Minuten in den Kühlschrank legen.

3. Backofen 180 °C Ober-/Unterhitze (160 °C Umluft) vorheizen und Backblech mit Backpapier auslegen.

4. Hände ölen, kleine Stücke vom Teig abreißen, zu Kugeln formen und auf das Backblech geben.

5. Prjaniki ca. 20–25 Minuten goldbraun backen, abkühlen lassen und in eine tiefe Schüssel geben.

6. Für die Glasur Zucker in den Mixtopf geben **15 Sekunden/Stufe 10** pulverisieren und mit dem Spatel nach unten schieben. Rühraufsatz einsetzen. Eiweiß und Zitronensaft hinzugeben und **2 Minuten/Stufe 4** vermischen.

7. Glasur in die Schüssel zu den Prjaniki geben, gut vermischen und zum Trocknen auf ein Küchengitter ablegen.

Gusynyje lapki – Quarkplätzchen »Gänsefüßchen«

FÜR 6–8 PORTIONEN

Zeitbedarf: ca. 60 Minuten

200 g körniger Frischkäse
1 Ei
100 Butter, weich, in Stücken
1 Pk. Vanillezucker
300 g Mehl
1 TL Backpulver
ca. 60 g Zucker

1. Körnigen Frischkäse, Ei, Butter und Vanillezucker in den Mixtopf geben und **30 Sekunden/Stufe 3** vermischen. Mehl und Backpulver hinzugeben und **20 Sekunden/Stufe 6** vermischen. Teig in Frischhaltefolie einwickeln und für ca. 30 Minuten in den Kühlschrank legen.
2. Backofen 180 °C Umluft vorheizen und zwei Backbleche mit Backpapier auslegen.
3. Teig in 2 Teile schneiden, dünn ausrollen (ca. 5 mm) und mit einem Glas Kreise ausstechen.
4. Zucker auf einem Teller verteilen. Teigkreise mit einer Seite in den Zucker tunken, in der Mitte zu einem Halbmond falten. Den Halbmond von einer Seite in den Zucker tunken. Den Halbmond noch einmal in der Mitte falten und mit der oberen Seite in den Zucker tunken.
5. Gusynyje lapki ca. 20–25 Minuten goldgelb backen.

Kulitsch – Osterbrot

FÜR 2 KULITSCHI

Zeitbedarf: ca. 180 Minuten

2 Kulitsch-Formen

Für den Vorteig:
120 g Milch
½ Würfel Hefe
1 EL Zucker
1 EL Mehl

Für den Teig:
100 g Butter, weich, in Stücken
80 g Zucker
1 Pk. Vanillezucker
2 Eier und 2 Eigelb
½ TL Salz
440 g Mehl
60 g Rosinen
60 g kandierte Früchte (z. B. Orangen)

Für die Glasur:
200 g Zucker
1 Eiweiß
½ TL Zitronensaft

1. Für den Vorteig Milch, Hefe, 1 EL Zucker und 1 EL Mehl in den Mixtopf geben und **3 Minuten/37 °C/Stufe 2** erwärmen. Vorteig in eine Schüssel geben und abgedeckt an einem warmen Ort ca. 20 Minuten gehen lassen.
2. Für den Teig Butter, Zucker, Vanillezucker, Eier, Eigelb und Salz in den Mixtopf geben und **1 Minute/Stufe 4** vermischen. Vorteig hinzugeben und **10 Sekunden/Stufe 3** vermischen. Mehl in den Mixtopf sieben und **3 Minuten/Knetstufe** kneten. Rosinen und kandierte Früchte hinzugeben und **1 Minuten/Knetstufe** kneten.
3. Teig in eine Schüssel geben und abgedeckt an einem warmen Ort ca. 1 Stunde gehen lassen, bis sich sein Volumen verdoppelt hat.
4. Teig in die Kulitsch-Formen geben und weitere 30 Minuten gehen lassen.
5. Währenddessen den Backofen auf 170 °C Ober-/Unterhitze (150 °C Umluft) vorheizen.
6. Kulitsch 1 Stunde backen; nach 30 Minuten mit Alufolie abdecken. Anschließend abkühlen lassen.
7. Für die Glasur Zucker in den Mixtopf geben, **15 Sekunden/Stufe 10** pulverisieren und mit dem Spatel nach unten schieben. Rühraufsatz einsetzen. Eiweiß und Zitronensaft hinzugeben und **2 Minuten/Stufe 4** vermischen.
8. Kulitsch mit der Glasur von oben bestreichen und diese fest werden lassen.

Kulitsch kann man mit bunten Streuseln verzieren, solange die Glasur noch nicht komplett fest ist.

Sguschenka – Gezuckerte Kondensmilch

FÜR 3–4 PORTIONEN

Zeitbedarf: ca. 17 Minuten

300 g Zucker
340 g Kondensmilch (7,5 %)
4 TL Speisestärke

1. Zucker in den Mixtopf geben, **15 Sekunden/Stufe 10** pulverisieren und mit dem Spatel nach unten schieben. Kondensmilch und Speisestärke hinzugeben, **5 Sekunden/Stufe 5** vermischen und **14 Minuten/Varoma/Stufe 2/ohne Messbecher** kochen. Gareinsatz als Spritzschutz benutzen.

2. Sguschenka in ein Schraubglas füllen, abkühlen lassen und im Kühlschrank aufbewahren.

Kissel – Mehlspeise

FÜR 3–4 PORTIONEN

Zeitbedarf: ca. 35 Minuten

300 g Himbeeren, tiefgefroren
190 g Zucker
1,9 l Wasser
60 g Speisestärke

1. Gareinsatz einhängen, Himbeeren in den Gareinsatz geben. Zucker über die Himbeeren verteilen, mit 1,8 l Wasser übergießen und **25 Minuten/Varoma/Stufe 1** kochen.
2. Gareinsatz mit dem Spatel entfernen.
3. Speisestärke mit 100 ml Wasser glatt rühren, in den Mixtopf geben, **3 Sekunden/Stufe 5** vermischen und **3 Minuten/100 °C/Stufe 2** aufkochen.

Kissel lauwarm genießen.

Pirogi i torty – Kuchen und Torten

Mannik – Grießkuchen

FÜR 8–10 STÜCKE

Zeitbedarf: ca. 55 Minuten

250 g Kefir
190 g Grieß
100 g Zucker
2 Eier
100 g Butter, weich, in Stücken
1 Pk. Backpulver
1 Prise Salz
Puderzucker zum Servieren (optional)

1. Kefir in den Mixtopf geben und **2 Minuten/37 °C/ Stufe 2** erwärmen. Grieß hinzugeben, **10 Sekunden/ Stufe 3** vermischen und ca. 20 Minuten im Mixtopf quellen lassen.

2. Währenddessen Backofen auf 180 °C Ober-/Unterhitze (160 °C Umluft) vorheizen und eine Springform einfetten (ca. 23 cm).

3. Restliche Zutaten zugeben und **20 Sekunden/Stufe 7** vermischen.

4. Teig in die vorbereitete Springform geben und ca. 30 Minuten goldbraun backen.

5. Mannik mit Puderzucker servieren.

Scharlotka – Apfelkuchen

FÜR 8–10 STÜCKE

Zeitbedarf: ca. 80 Minuten

4 Eier
100 g Zucker
50 g Butter, weich, in Stücken
200 g Mehl
1 TL Backpulver
1 Prise Salz
3–4 säuerliche Äpfel
Puderzucker zum Servieren (optional)

1. Backofen auf 190 °C Ober-/Unterhitze (170 °C Umluft) vorheizen und eine Springform (23 cm) einfetten.
2. Rühraufsatz einsetzen. Eier und Zucker in den Mixtopf geben und **4 Minuten/37 °C/Stufe 4** vermischen. Rühraufsatz entfernen. Butter, Mehl, Backpulver und Salz hinzugeben und **20 Sekunden/Stufe 5** vermischen.
3. Äpfel vierteln, entkernen und in dünne Scheiben oder Würfel schneiden.
4. Die Hälfte der Äpfel in die vorbereitete Springform geben, den Teig darüber verteilen und die restlichen Äpfel auf dem Teig verteilen.
5. Scharlotka ca. 1 Stunde goldbraun backen (eine Garprobe mit einem Holzstäbchen machen!).
6. Scharlotka mit Puderzucker servieren.

Scharlotka schmeckt am besten lauwarm.

Napoleon – Russische Schichttorte

FÜR 12–14 STÜCKE

Zeitbedarf: ca. 210 Minuten
Ruhezeit: ca. 6–8 Stunden

Für den Teig:

600 g Mehl und etwas mehr für die Arbeitsfläche
400 g Margarine
2 Eier
150 g kaltes Wasser
5 g Essig (5 %)

Für die Creme:

3 Eier
300 g Zucker
1 Pk. Vanillezucker
80 g Speisestärke
900 g Milch (1,5 % Fett)
150 g Butter, weich, in Stücken

Napoleon am besten über Nacht durchziehen lassen. Sollte die Creme noch zu flüssig sein, etwas mehr Speisestärke hinzugeben und wenige Minuten weiterkochen.

1. Für den Teig Mehl und Margarine in den Mixtopf geben und **40 Sekunden/Stufe 4** vermischen. Restliche Zutaten hinzugeben und **2 Minuten/Knetstufe** kneten.

2. Teig auf eine bemehlte Arbeitsfläche geben und kurz von Hand weiterkneten. Teig zu einem Strang ausrollen, in 8–10 Stücke schneiden, zu Kugeln formen, auf einen gut bemehlten Teller geben, mit Frischhaltefolie bedecken und für ca. 1 Stunde ins Gefrierfach geben.

3. Für die Creme Eier, Zucker, Vanillezucker und Speisestärke in den Mixtopf geben und **30 Sekunden/Stufe 4** vermischen. Milch hinzugeben und **10 Minuten/90 °C/Linkslauf/Stufe 3** kochen. Butter hinzugeben, **20 Sekunden/Stufe 3** vermischen, in eine Schüssel umfüllen, mit Frischhaltefolie abdecken (sie muss die Creme berühren) und abkühlen lassen.

4. Backofen auf 180 °C Umluft vorheizen.

5. Die einzelnen Kugeln aus dem Gefrierfach nehmen und dünn ausrollen. Die Teigschichten müssen ca. 2–3 cm größer sein als die gewünschte Tortengröße.

6. Teigschichten mit einer Gabel einstechen und ca. 7–10 Minuten goldgelb backen (2 Teigschichten gleichzeitig).

7. Teigschichten z. B. mithilfe eines großen Tellers auf die gewünschte Tortengröße schneiden. Teigreste in eine große Schüssel geben und mit den Händen zerbröseln.

8. Napoleon zusammenbauen: 1 EL Creme auf die gewünschte Tortenunterlage geben, Teigschicht darübergeben, 2–3 EL Creme darauf verteilen und die nächste Teigschicht darübergeben. Diese Schritte wiederholen, bis Napoleon zusammengebaut ist. Anschließend Napoleon von oben und von den Seiten mit der Creme bestreichen.

9. Napoleon von allen Seiten mit Krümeln belegen und für 6–8 Stunden kalt stellen.

Medovik – Russische Honigtorte

FÜR 8–10 STÜCKE

Zeitbedarf: ca. 120 Minuten
Ruhezeit: ca. 6–8 Stunden

Für den Teig:
2 Eier
220 g Zucker
2 EL Honig, flüssig
100 g Butter, weich, in Stücken
1 Pk. Natron
500 g Mehl und ggf. mehr für die Arbeitsfläche

Für die Creme:
1 Ei
170 g Zucker
30 g Speisestärke
400 g Milch (1,5 % Fett)
100 g Butter
200 g Schlagsahne

Medovik am besten über Nacht durchziehen lassen.

1. Für den Teig Eier und Zucker in den Mixtopf geben und **2 Minuten/Stufe 4** vermischen. Honig und Butter hinzugeben, **30 Sekunde/Stufe 4** vermischen und **6 Minuten/70 °C/Stufe 2** erwärmen. Natron hinzugeben und **15 Sekunden/Stufe 3** vermischen. 400 g Mehl in den Mixtopf sieben und **2 Minuten/Knetstufe** vermischen.

2. Flüssigen Teig auf eine gut bemehlte Arbeitsfläche (ca. 100 g Mehl) geben. Mixtopf sofort spülen.

3. Teig von Hand weiterkneten, bis er nicht mehr an den Händen kleben bleibt (ggf. mehr Mehl hinzugeben).

4. Teig zu einem Strang ausrollen, in 8–10 Stücke schneiden, zu Kugeln formen, auf einen gut bemehlten Teller geben, mit Frischhaltefolie bedecken und für ca. 1 Stunde in den Kühlschrank stellen.

5. Für die Creme Ei, Zucker und Speisestärke in den Mixtopf geben und **30 Sekunden/Stufe 4** vermischen. Milch hinzugeben und **10 Minuten/90 °C/Linkslauf/Stufe 3** kochen. Butter hinzugeben und **20 Sekunden/Stufe 3** vermischen, in eine Schüssel umfüllen, mit Frischhaltefolie abdecken (sie muss die Creme berühren) und abkühlen lassen. Mixtopf gut spülen.

6. Backofen auf 170 °C vorheizen (150 °C Umluft) vorheizen.

7. Die einzelnen Kugeln direkt auf bemehltem Backpapier dünn ausrollen und z. B. mithilfe eines Tellers auf die gewünschte Tortengröße zuschneiden und mit einer Gabel einstechen. Teigreste ebenfalls auf dem Backpapier lassen.

8. Teigschichten und Teigreste ca. 5–7 Minuten goldbraun backen, kurz abkühlen lassen und vorsichtig vom Backpapier abziehen. Teigreste in eine Schüssel geben.

9. Währenddessen für die Creme Rühraufsatz einsetzen. Schlagsahne in den Mixtopf geben und bis zur gewünschten Festigkeit ca. **2 Minuten/Stufe 3,5/ohne Messbecher** steif schlagen. Gareinsatz als Spritzschutz benutzen. Abgekühlte Creme hinzugeben, **20 Sekunden/Stufe 3** vermischen und umfüllen. Mixtopf spülen.

10. Teigreste in den Mixtopf geben und **15 Sekunden/Stufe 5** zerkleinern.

11. Medovik zusammenbauen: 1 EL Creme auf die gewünschte Tortenunterlage geben, Teigschicht darübergeben, 2–3 EL Creme darauf verteilen und die nächste Teigschicht darübergeben. Diese Schritte wiederholen, bis Medovik zusammengebaut ist. Anschließend Medovik von oben und an den Seiten mit der Creme bestreichen.

12. Medovik von allen Seiten mit Krümeln belegen und für 8–10 Stunden kalt stellen.

Ptitschje moloko-Torte »Vogelmilch«

FÜR 16 STÜCKE

Zeitbedarf: ca. 70 Minuten
Ruhezeit: ca. 4–6 Stunden

Für die Füllung:
8 Eier, davon nur 3 Eigelb und 8 Eiweiß
280 g Zucker
1 Pk. Vanillezucker
40 g Speisestärke
500 g Milch
250 g Butter, weich, in Stücken
1 Prise Salz
3 Pk. Gelatine á 9 g, gemahlen

Für den Teig:
3 Eier
90 g Zucker
90 g Mehl
½ TL Backpulver

Für den Schokoladenguss:
200 g Zartbitter-Schokolade, in Stücken
20 g Sonnenblumenöl

1. Für die Füllung 3 Eigelb, 100 g Zucker, Vanillezucker und Speisestärke in den Mixtopf geben und **30 Sekunden/Stufe 4** vermischen. Milch hinzugeben und **11 Minuten/90 °C/ Linkslauf/Stufe 3** aufkochen. Butter hinzugeben und **20 Sekunden/Stufe 3** vermischen. Die Puddingmasse in eine große Schüssel umfüllen, mit Frischhaltefolie abdecken (sie muss die Creme berühren) und auf Zimmertemperatur abkühlen lassen. Mixtopf spülen.

2. Backofen auf 180 °C Ober-/Unterhitze (160 °C Umluft) vorheizen. Boden einer Springform mit Backpapier auslegen, Rand nicht fetten.

3. Für den Teig Rühraufsatz einsetzen. Eier und Zucker in den Mixtopf geben und **10 Minuten/Stufe 4** vermischen. Mehl und Backpulver hinzugeben und **4 Sekunden/Stufe 3** unterheben. Rühraufsatz entfernen. Evtl. weiter mit dem Spatel unterheben.

4. Teig in die Springform geben, 20 Minuten backen, in der Form abkühlen lassen und anschließend einmal waagerecht durchschneiden. Mixtopf und Rühraufsatz spülen.

5. Gelatine nach Packungsanweisung vorbereiten.

6. Für die Füllung Rühraufsatz einsetzen. 8 Eiweiß und Salz in den Mixtopf geben und **6 Minuten/37 °C/Stufe 3,5** vermischen. 180 g Zucker hinzugeben und weitere **2 Minuten/37 °C/Stufe 3** vermischen. Die Eiweißmasse in die große Schüssel zur Puddingmasse geben.

7. Gelatine in den Mixtopf geben, **3 Minuten/50 °C/ Stufe 3** auflösen und kurz abkühlen lassen.

8. Gelatine ebenfalls in die große Schüssel zugeben und alles langsam vermischen.

9. Eine Teighälfte in die Springform geben, die Füllung darübergeben, mit der zweiten Teighälfte bedecken und für 4–6 Stunden kalt stellen, bis die Füllung fest wird.

10. Für den Schokoladenguss Schokolade in den Mixtopf geben, **9 Sekunden/Stufe 8** zerkleinern und mit dem Spatel nach unten schieben. Öl hinzugeben und **3 Minuten/50 °C/Stufe 2** schmelzen.

11. Torte mit dem Schokoladenguss oben und evtl. an den Seiten bestreichen.

Murawejnik – Torte »Ameisenhaufen«

FÜR 8–10 STÜCKE

Zeitbedarf: ca. 60 Minuten
Ruhezeit: ca. 4 Stunden

Für den Teig:
200 g Margarine
70 g Zucker
400 g Mehl
1 Pk. Vanillezucker
1 Pk. Backpulver
1 Ei

Für die Creme:
200 g Butter, weich, in Stücken
1 Dose gezuckerte Kondensmilch, gekocht

1. Für den Teig alle Zutaten in den Mixtopf geben, **30 Sekunden/Stufe 5** vermischen und weitere **1 Minute/Knetstufe** kneten.
2. Teig in zwei Teile schneiden, in Frischhaltefolie einwickeln und für ca. 30 Minuten ins Gefrierfach legen.
3. Backofen auf 200 °C Umluft vorheizen und Backblech mit Backpapier auslegen.
4. Danach Teig mit einer Reibe auf das Backblech hobeln, 15–20 Minuten goldbraun backen und abkühlen lassen.
5. Teig mit Händen zerbröseln und in eine tiefe Schüssel geben.
6. Für die Creme alle Zutaten in den Mixtopf geben, **30 Sekunden/Stufe 4** vermischen und in die Schüssel zu den Krümeln geben.
7. Teig und Creme gut vermischen, auf der gewünschten Tortenunterlage einen Ameisenhaufen formen und für ca. 4 Stunden in den Kühlschrank stellen.